O VELHO QUE ACORDOU MENINO

Rubem Alves

O VELHO QUE ACORDOU MENINO

Memórias de infância

3ª edição

PAIDÓS

Revisão: Tulio Kawata e Wélida Muniz
Projeto gráfico e Diagramação: Negrito Produção Editorial
Capa: Filipa Damião Pinto (@filipa_) | Estúdio Foresti Design
Ilustração de capa: John Hall. Toy Locomotive (1941). The National Gallery of Art/Rawpixel
Ilustrações de miolo: Elivelton Reichert

Dados Internacionais de Catalogação na Publicação (CIP)
Angélica Ilacqua CRB-8/7057

Alves, Rubem, 1933-2014
O velho que acordou menino / Rubem Alves. – 3. ed. - São Paulo : Planeta do Brasil, 2025.
272 p.

ISBN 978-85-422-3812-9

1. Alves, Rubem, 1933-2014 - Infância e juventude 2. Escritores brasileiros - Biografia I. Título

25-3637 CDD 928.699

Índice para catálogo sistemático:
1. Alves, Rubem, 1933-2014 - Infância e juventude

MISTO
Papel | Apoiando o manejo florestal responsável
FSC® C019498
FSC www.fsc.org

Ao escolher este livro, você está apoiando o manejo responsável das florestas do mundo

2025
Todos os direitos desta edição reservados à
Editora Planeta do Brasil Ltda.
Rua Bela Cintra 986, 4º andar – Consolação
São Paulo-SP – CEP 01415-002
www.planetadelivros.com.br
faleconosco@editoraplaneta.com.br

Para Ismael, irmão querido, que viveu
muitas dessas memórias comigo...

SUMÁRIO

Sobre as memórias 13

PARTE 1. *Boa esperança*

Os almanaks 21
Dona Sophia 24
O lugar 27
De novo dona Sophia 31
O rio Grande 43
Meu pai 46
Os juízes 56
O piano 59
Início da minha educação sexual 60
Os ratos e os queijos 66
Marilu 67
O cinema 69
Os artistas da capital 72
Amor sem fim 74
A maçã 75
A pharmácia e os remédios 76

Tio João Gordo 80
Fubina 82
Matando porco 85
Pitiu 87
O picolé 89
A casa 93
E, de repente... 96

PARTE 2. *A roça*

A roça 99
Os espaços 102
Minha mãe 105
Jeca Tatu 108
Zé Sapé 110
Remédios 112
Bicho-de-pé 113
Senhor Firmino 115
Adeus à roça 118

PARTE 3. *Lambari*

A caixa de laranjada 123
As marcas do sangue azul 127

PARTE 4. *Três corações*

Três corações 135
Um menino perdido na noite 137
Os centauros 138

Parte 5. *Lavras*

Maria-fumaça 141
A viagem a lavras 143
Cidade católica 145
Meu avô e minha avó 150
Os americanos 155
O sobrado 159
As regras 164
O casal 170
As pedideiras de esmolas 176
Como nascem os cabelos brancos das mães 177
O quarto do mistério 178
O relógio 181

Parte 6. *Varginha*

Varginha 187
Meu primeiro furto 190
Minha precoce vocação para a engenharia 193
A solidão 196
A casa 199
Os brinquedos 202
O rádio 206
A guerra 208
A paineira 214
Uma criança chora 216
Anjos 218
Matei uma rolinha 220
Os carros de bois 223
Ovo frito 225

"Veja como estão agradecidas..." 227
Pé calçado, pé descalço... 228
A primeira vez que meu pai morreu 230
O padre 235
O presépio 238
O presente 240
Experiências inesquecíveis 242
O médico 244
Os livros 247
Os escorpiões 250
Os domingos 254
Chupando laranjas 257
A cozinha 258
Adeus à infância 266

SOBRE AS MEMÓRIAS

Memória é onde se guardam as coisas do passado.

Há dois tipos de memórias: memórias sem vida própria e memórias com vida própria.

As memórias sem vida própria são inertes. Não têm vontade. Sua existência é semelhante à das ferramentas guardadas numa caixa. Não se mexem. Ficam imóveis nos seus lugares, à espera. À espera de quê? À espera de que as chamemos. Ao chegar a um hotel, a recepcionista me entrega uma ficha para ser preenchida. Lá estão os espaços em branco onde deverei escrever meu nome, endereço, número da carteira de identidade, do CPF, número do telefone, e-mail. Abro a minha caixa de memórias sem vida própria e encontro as informações pedidas. Se desejo ir do meu apartamento à casa de um amigo, eu pergunto: que ruas tomar para chegar lá? Abro a caixa de ferramentas e lá encontro um mapa do itinerário que devo seguir. É da caixa das memórias sem vida própria que se valem os alunos para responder às questões propostas pelo professor numa prova. Se a memória não estiver lá, ele receberá uma nota má...

São essas as memórias que os neurologistas testam para ver se uma pessoa está sofrendo do mal de Alzheimer. O médico, como quem não quer nada, vai discretamente fazendo perguntas sobre a cidade onde se nasceu, o nome dos pais, onde moram os filhos. Se a pessoa não souber responder, é porque sua caixa de memórias está vazia. Essas memórias são muito importantes. Sem elas não poderíamos nos virar na vida. Estaríamos sempre perdidos.

As memórias com vida própria, ao contrário, não ficam quietas dentro de uma caixa. São como pássaros em vôo. Vão para onde querem. E podemos chamá-las que elas não vêm. Só vêm quando querem. Moram em nós, mas não nos pertencem. O seu aparecimento é sempre uma surpresa. É que nem suspeitávamos que estivessem vivas! A gente vai calmamente andando pela rua e, de repente, um cheiro de pão. E nos lembramos da mãe assando pães na cozinha... Viajando, olhando a paisagem com pensamento perdido, vemos um rio. E a alma começa a recitar: "O Tejo é mais belo que o rio da minha aldeia. Mas o Tejo não é mais belo que o rio da minha aldeia. Porque o Tejo não é o rio da minha aldeia". E nos lembramos então do riachinho em que brincávamos quando crianças.

Uma leitora enviou-me um e-mail em inglês. Desculpou-se. É egípcia. Vive no Brasil, entende bem o português, mas tem dificuldades em se expressar. Disse-me que gostava das coisas que escrevo. Escreveu-me para dizer que uma palavra, uma única palavra que eu havia escrito a apunhalara. Numa crônica que eu escrevera para minhas netas, contando como era a vida na roça, disse que não havia eletricidade. Portanto não havia geladeiras. As comidas eram guardadas num armário de tela chamado "guarda-comida". Essa foi a palavra que a apunhalou. Como é que uma palavra tão banal pode apunhalar? Não foi a palavra. Foi a lembrança. Ela já havia se esquecido de que essa palavra existia. Aí, quando a leu, um passado longínquo retornou. Ela se viu menina na cozinha de sua casa no Cairo. Lá havia um guarda-comida...

"Alma" é o nome do lugar onde se encontram esses pedaços perdidos de nós mesmos. São partes do nosso corpo como as pernas, os braços, o coração. Circulam em nosso sangue, estão misturadas com os nossos músculos. Quando elas aparecem, o corpo se comove, ri, chora...

Para que servem elas? Para nada. Não são ferramentas. Não podem ser usadas. São inúteis. Elas aparecem por causa da saudade. A alma é movida a saudade. A alma não tem o menor interesse no futuro. A saudade é uma coisa que fica andando pelo tempo passado à procura dos pedaços de nós mesmos que se perderam.

Minha amiga querida Maria Antônia de Oliveira escreveu:

> A vida se retrata no tempo formando um vitral, de desenho sempre incompleto, de cores variadas, brilhantes, quando passa o sol. Pedradas ao acaso acontece de partir pedaços ficando buracos, irreversíveis. Os cacos se perdem por aí. Às vezes, eu encontro cacos de vida que foram meus, que foram vivos. Examino-os atentamente tentando lembrar de que resto faziam parte. Já achei caco pequeno e amarelinho que ressuscitou de mentira, um velho amigo. Achei outro pontudo e azul, que trouxe em nuvens um beijo antigo. Houve um caco vermelho que muito me fez chorar, sem que eu lembrasse de onde me pertencera. (Ceriguela, p. 14)

É com esses cacos de memória, pedaços de nós mesmos, que se escrevem romances, estórias infantis, poesia, lendas, mitos religiosos, utopias. Nietzsche dizia que só amava os livros escritos com essas memórias, escritos com sangue. E Guimarães Rosa dizia a seus leitores que, para se ser escritor, é preciso conhecer a alquimia do sangue do coração humano. Ler um livro escrito com sangue é participar de um ritual antropofágico. É uma celebração eucarística.

Quando eu contava uma estória para minha filha pequena, ela me perguntava: "Papai, essa estória aconteceu mesmo?". Traduzindo em linguagem de adulto: essas memórias são memórias de coisas que aconteceram ou são invenções? Eu ficava quieto, sem saber o que dizer. A explicação seria: "Não aconteceu nunca para que aconteça sempre...". O corpo se alimenta do que não existe. Temos saudade do que nunca aconteceu.

É muito fácil contar o passado usando as memórias sem vida própria. É só coletar os fatos e organizá-los numa ordem temporal e espacial. É assim que se escreve a "história".

Tenho raiva dos gramáticos. Fernando Pessoa também tinha. Os gramáticos se sentem no direito de proibir palavras. Tiraram estória do dicionário. Agora só se pode dizer história. Mas o que tem *história* a ver com *estória*? "A estória não quer tornar-se história", dizia Guimarães Rosa. A história acontece no tempo que aconteceu e não acontece mais. A estória mora no tempo que não aconteceu para que aconteça sempre.

Riobaldo sabia que era difícil contar as memórias com vida própria. Dizia:

> Contar é muito dificultoso, não pelos anos que já se passaram. Mas pela astúcia que têm certas coisas passadas de fazer balancê, de se remexerem dos lugares. A lembrança da vida da gente se guarda em trechos diversos; uns com os outros acho que nem não se misturam. Contar seguido, alinhavado, só mesmo sendo coisas de rasa importância. Tem horas anti-

gas que ficaram muito mais perto da gente do que outras de recente data. Toda saudade é uma espécie de velhice...

Mia Couto, escritor angolano, tem a mesma opinião:

O que Dona Luarmina me solicita são exactas memórias. E isso é o que eu menos quero. Não é que me faltem lembranças. Estão é espalhadas em toda a minha substância. Meu corpo foi-se tornando um cemitério de tempo, parece um desses bosques sagrados onde enterramos nossos mortos.

As coisas se complicam quando é um velho contando estórias da sua infância. A saudade mistura tudo. A saudade não conhece o tempo, não sabe o que é antes nem depois. Tudo é presente. "A lembrança pura não tem data. Tem uma estação. Que sol ou que vento fazia nesse dia memorável? O devaneio não conta histórias..." (Bachelard).

Aí vem a confusão. O escritor duvida de suas lembranças e pergunta, como a Adélia Prado: "Houve esta vida ou inventei?". Se a Adélia dirigisse a mim a sua pergunta acerca das coisas que vou contar, eu responderia. "Se essa vida não houve, agora, porque escrevi, está havendo..."

Parte I
BOA ESPERANÇA

E ao final de nossas longas explorações chegaremos
finalmente ao lugar de onde partimos e o
conheceremos então pela primeira vez.

T. S. Eliot

OS ALMANAKS

Ignoro como foi que chegou às mãos do meu pai aquele exemplar do *Almanak Sul-Mineiro* do século 19. Estava num lamentável estado de conservação, faltando-lhe as páginas iniciais onde normalmente aparecem o nome do autor, o nome da gráfica e a data de publicação. Examinei atentamente o que restava, folhas rasgadas, soltas, em busca de alguma pista que me permitisse inferir a data. Meu esforço não foi em vão. Na parte dedicada ao município de Lavras, à folha 586, deparei-me com uma cifra referente ao número de escravos existentes no município, que somavam, em dezembro de 1882, 6053, número menor que os 7452 que havia em 28 de setembro de 1873. O *Almanak* explica que esse declínio no número de escravos se deveu a alforrias de negros, patrocinadas por um Fundo de Emancipação de Escravos, no valor de 64:660$000. A publicação do dito *Almanak*, então, se deu em alguma data entre o ano de 1882 e 1888, data em que escravidão foi abolida. A cidade onde nasci encontra-se ali referida com o nome de Dores da Boa Esperança. Entretanto, por ocasião do meu nascimento, em 1933, o "Boa Esperança" estava em desuso e a cidade era conhecida simplesmente como Dores. Nasci "dorense".

O *Almanak* descreve a geografia, a cidade, a religião, as atividades culturais, as organizações de caridade, nomeia os profissionais mais importantes e relata os acontecimentos dignos de nota, como foi o caso de uma ventania nunca vista que fez voar uma rodeira de carro de bois por uma légua. No outro *Almanach Sul-Mineiro* de que disponho, organizado e editado por Bernardo Saturnino da Veiga e publicado em 1874, o autor diz que "o terreno é de conhecida uberdade e banhado pelo caudaloso rio Grande, que passa á duas léguas da cidade". "Compõe-se a cidade de 240 casas, das quaes 5 de sobrado e 24 assobradadas, formando ellas seis largos ou praças e dez ruas. Existe no largo da matriz um chafariz público."

Os chafarizes eram marca do progresso de uma cidade. Além de serem as fontes de água que abasteciam as casas, eles eram os lugares onde as pessoas se encontravam para conversar e namorar.

O autor do *Almanak* continua:

> Os cereais são cultivados para o consumo local, mas já se faz também considerável exportação de queijos fabricados em muitas fazendas, que são os melhores da província no consenso geral e tão bons como os mais afamados da Europa. Possui um serviço de correios, a cargo de estafetas que levam a correspondência para Três Pontas aos dias 4, 10, 16, 22 e 28 de cada mês.

A seguir são nomeados os açougues, os advogados, o vigário, os alfaiates, os capitalistas, os fabricantes de cerveja e de licores, os fazendeiros, os ferradores, o fogueteiro, as costureiras, os cigarreiros, as doceiras, as floristas, os ourives, as parteiras, o pharmaceutico, o pintor, os rancheiros, os pedreiros, entre eles vários escravos, os selleiros, os sapateiros, as tecedeiras, os hotéis, os marceneiros, o médico, os estabelecimentos de secos e molhados, o encarregado da música, as olarias, os depósitos de sal.

Relata ainda o *Almanak* de data incerta que havia em Boa Esperança quatro pianos.

Meu pai não se interessou por esses detalhes. O que lhe importava era outra coisa. Ajustados os óculos, ele deslizava o dedo sobre a lista dos notáveis da cidade, na esperança de ali encontrar algum antepassado ilustre com o sobrenome "Espírito Santo". Encontrou o "Espírito Santo" entre os tropeiros. Ele não se abateu. Ele nunca se abatia. Era um feiticeiro. Mudava tudo pelo poder das palavras. Assim, ele falou e a mágica aconteceu: "Tropeiro. Esse meu antepassado era dono de uma empresa de transportes...".

DONA SOPHIA

O foguetório vinha lá das bandas do rio Grande. Ninguém ouviu. Só ela, a dona Sophia. Ninguém ouviu porque quase não se ouvia, de tão longe. Ela ouviu porque desde muito cedo pusera atenção nos seus ouvidos. Fora ela que contratara o fogueteiro com ordens expressas de não economizar. Por isso, porque seus ouvidos estavam à espera, ela foi a única a ouvir. Mas logo todos ouviriam. Ela sorriu de felicidade.

Naqueles tempos, os fogueteiros eram profissionais importantes. Eram listados nos almanaques ao lado dos notáveis da cidade. Sua importância se deve ao fato de serem arautos.

A importância dos arautos vem de longa data. Os reis se valiam deles para informar o povo de suas decisões. Tocavam-se os clarins na praça da vila e todo mundo corria: havia novidades. Os arautos das novidades nas cidadezinhas de Minas eram de três tipos. Primeiro havia os arautos vindos de lugares distantes conduzindo tropas de burros carregados com mercadorias das cidades grandes. Eram os mascates sírios e libaneses. O povo os chamava de "turcos", o que os deixava muito bravos. Onde já se viu confundir sírios e libaneses com turcos? O povo não sabe geografia? Sobre eles falaremos mais tarde por haver suspeitas de que eu tenha sangue sírio-libanês correndo nas minhas veias. Depois vinham os arautos do lugar. Os primeiros eram os sineiros, geralmente um sacristão ou coroinha, que puxava a corda e fazia os sinos tocarem, à semelhança do Corcunda de Notre Dame. Tocar os sinos era uma arte. Isso porque havia coisas alegres e coisas tristes a serem anunciadas. Por isso os toques tinham de ser diferentes. Havia toques alegres e toques fúnebres. Todo mundo conhecia a diferença. Quando se tratava de coisas alegres os sineiros não poupavam os sinos. Era uma farra. Um exemplo clássico dessa função alegre dos sinos se encontra ao final da *Abertura 1912*, de Tchaikovski, que foi composta para celebrar a vitória dos exércitos russos sobre as tropas de Napoleão. A *Abertura* termina com uma explosão triunfal de tiros de artilharia e o repicar descontrolado, bêbado, dos carrilhões. Nas cidades pequenas não havia eventos portentosos assim para serem celebrados, mas havia as missas, os casamentos, os batizados.

Mas os mesmos sinos se prestavam também para anunciar a morte. Aí o seu repicar ficava triste, vagaroso, lúgubre, choroso. Quando o toque fúnebre era ouvido, todos se persignavam e perguntavam: "Quem terá morrido?". Meu pai, já velho, já estando remando no grande rio, voltou ao mundo da sua infância. Acho que a "terceira margem do rio" é a infância... Abriu um guarda-roupa e pôs-se a procurar alguma coisa. Perguntei: "O que é que o senhor está procurando, papai?". Eu sempre o tratei por "senhor". Ele me olhou com olhos enormes, olhos de um outro mundo e respondeu: "Procuro meu terno preto". Mas não havia razões para um terno preto nem ele tinha terno preto. "Mas para que o senhor quer vestir um terno preto?", perguntei. Ele me olhou e disse: "Você não está ouvindo o repicar fúnebre dos sinos?". Estremeci. Não havia sinos repicando.

Os sinos fúnebres repicavam dentro da alma dele. A alma sabia que a hora estava chegando.

Mas os fogueteiros eram arautos só de alegria. Foguete estourou, coisa feliz estava acontecendo. Fogueteiro não era chamado para anunciar velório. Só pra anunciar a felicidade. Quem ganhava na loteria chamava o fogueteiro. Quando o time do lugar ganhava, mais foguetório. Meu pai uma vez contratou um foguetório para celebrar ter ganhado uma demanda com a prefeitura. Ele havia sido multado por excesso de velocidade. Isso em 1925, numa cidade que só tinha ruas de terra...

Pois fora a dona Sophia que encomendara o foguetório. Para celebrar. Para anunciar para a cidade inteira que o seu sonho estava se realizando.

O LUGAR

Era um Macondo, uma monotonia sem fim perdida no sul de Minas. O tempo estava cheio de horas em que nada acontecia, aquelas horas em que se vê o mundo melhor...

Seus nomes anteriores haviam sido Nossa Senhora das Dores do Pântano, Nossa Senhora das Dores do Pântano das Lavras do Funil, Dores da Boa Esperança e, finalmente, Boa Esperança. Poucos sabiam da sua existência.

Foi o Carlos Neto que deu fama a Boa Esperança. Que razões teriam levado o Carlos Neto a fazer aquela maldade com o Lamartine Babo? Não sei. Sei que ele tinha estado doente de amor. Há um desenho em que ele e a sua amada estão namorando de mãos dadas num banco de jardim com as gravatas amarradas. Naquele tempo, as mulheres usavam gravata. Aí sua amada o abandonou e o nó das gravatas se desfez. Para se curar da sua tristeza, ele escreveu a canção "Teu juramento", que termina com um lamento:

> Nas noites frias quando a lua vem cobrir com o manto seu
> A estrada nua e desolada onde o nosso amor nasceu.
> Vou tristemente pelas curvas do caminho abandonado
> Solfejando a canção do triste exilado.

Hoje ninguém mais se lembra dela. Quantas canções se perderam no esquecimento...

Foi depois disso que ele fez a maldade. Pôs-se a escrever cartas de amor para o Lamartine Babo, assinando o nome de uma mulher inexistente, Nair. O Lamartine, que era tido como um dos homens mais feios que Deus colocou no mundo, carente de amor, apaixonou-se pela mulher que não existia. As coisas que não existem podem muito. Na verdade apaixonou-se pelas cartas. É fácil apaixonar-se por cartas. Porque as cartas, como as fotos, estão livres da presença da pessoa. E é mais fácil amar uma pessoa ausente. Disse o Cassiano Ricardo: "Por que tenho saudades de você no retrato, ainda que o mais recente? E por que um simples retrato, mais que você, me comove, quando você mesma está presente?".

Gabriel García Márquez, no seu livro *O amor nos tempos do cólera*, conta o que aconteceu com o Fiorentino Ariza depois que sua amada Firmina Daza, obrigada pelo pai, casou-se com o doutor Urbino. Alucinado de amor, foi despedido do seu emprego de escriturário de uma companhia de navegação porque as frias cartas comerciais que deveria escrever passaram a ter a música de cartas apaixonadas. Tendo de ganhar a vida como podia, montou numa praça uma banca de produção de cartas amorosas, ao lado das bancas dos rábulas e advogados novos que vendiam requerimentos e petições. Era-lhe muito fácil escrever cartas de amor. Se era um homem que a pedia, ele imaginava que a destinatária era a sua querida Firmina. Se era uma mulher que pedia, ele imaginava a carta que gostaria de receber da Firmina. Seu negócio prosperou. Um dia, um jovem lhe pediu que escrevesse uma carta para sua amada. Ele o fez, cheio de amor pela Firmina. Passada uma semana, uma jovem pediu-lhe que escrevesse uma carta em resposta a uma carta de amor que recebera. Era tão maravilhosa que ela não se sentia em condições de respondê-la. Com essas palavras passou-lhe o envelope. Era a carta que ele escrevera a pedido do jovem. A partir daí ele se envolveu numa furiosa correspondência amorosa consigo mesmo, com o resultado de que os dois ficaram perdidamente apaixonados um pelo outro e resolveram se casar. Uma vez casados, pelas conversas que trocaram, descobriram o que acontecera. Quando o seu primeiro filho nasceu escolheram o Fiorentino como padrinho... Tudo por causa das cartas.

O Carlos Neto ignorava o poder das cartas. Não imaginou que o Lamartine Babo iria se apaixonar pela Nair que não existia. Apaixonado pela Nair, sem saber que sua paixão real era pelas cartas, resolveu visitar a sua amada que morava em Dores da Boa Esperança. O telegrama dizia: "Nair: chego sexta-feira. Abraço respeitoso. Lamartine Babo". O Carlos Neto ficou em pânico. Convenceu sua irmã a fazer passar-se pela Nair, sem adverti-la da feiúra do Lamartine. Foi desamor à primeira vista. Trancou-se no quarto. Os sonhos do Lamartine desabaram. Nada de passeios românticos pelos jardins ao perfume das murtas, nada de mãos dadas, nada de gravatas amarradas... Lá estava o Lamartine com a sua paixão, sem um objeto onde colocá-la. Mas paixão não consegue viver assim, solta. Foi então que ele viu a serra da Boa Esperança ao longe e a sua paixão se agarrou a ela. E o seu amor se transformou numa canção. Meus parentes me contaram: "Ele se assentou naquele banco ali, na praça, e lá escreveu a canção, letra e música...".

Nós os poetas erramos, porque rimamos também
Os nossos olhos nos olhos de alguém que não vem
Serra da Boa Esperança não tenhas receio
Hei de guardar tua imagem com a graça de Deus

Oh minha serra eis a hora do adeus vou me embora
Deixo a luz do olhar no teu luar
Adeus.

Quem lê com atenção percebe que não é sobre a serra que ele fala. Rimar os olhos "nos olhos de alguém que não vem", deixar "a luz do olhar no teu olhar" – essas coisas não se dizem a uma serra. A serra da Boa Esperança tinha um nome de mulher: Nair...

Foi a tristeza de amor do Lamartine que transformou aquela cidadezinha desconhecida numa canção. Se o amor tivesse dado certo, ele não a teria escrito. E Boa Esperança não teria sido cantada.

Um dia subi até o alto da serra. Lá de cima se vê o vale lá embaixo. Boa Esperança, diminuída na distância, deitada entre o verde dos campos e o azul do rio Grande, imenso, que Furnas transformou em mar. Lá de cima, olhando para baixo, a gente pergunta: "O que estarão fazendo?". Antoine de Saint-Exupéry fazia a mesma pergunta nos vôos noturnos, ao ver os pontos luminosos que marcavam casas e pessoas, lá embaixo, no meio da escuridão. Vi uma pedra no chão, pedra comum, sem nada de especial, e pensei que ela estava lá há milhões de anos, contemplando o vale. Peguei os milhões de anos nas mãos e o vale que ela tinha dentro. Aí fiz uma maldade: tirei-a da sua casa e trouxe-a para o meu escritório. Quando olho para ela, lembro-me da serra e do vale...

DE NOVO DONA SOPHIA

Dona Sophia era minha avó por parte de pai. Dela não tenho memórias. Lembro-me dela como um fantasma sem rosto de saia comprida movendo-se pela casa. Nunca nos olhamos face a face, olho no olho. Minha amnésia talvez se deva ao fato de que ela nunca me pegou no colo nem passou a mão no meu cabelo. Se tivesse me amado, eu me lembraria dela. "O que a memória ama fica eterno..." Lembro-me com nitidez de quando ela morreu. Era noite. A notícia chegou pelo telefone da cadeia, que ficava a cem metros da nossa casa. Eu tinha sete anos. Não senti nenhuma tristeza. Na verdade, não senti coisa alguma. Como se fosse a morte de uma pessoa desconhecida. Quem se perturbou mesmo foi a Astolfina, que estava com nossa família desde a infância. Era costume. Os negros, sem poder sustentar família, davam as filhas a famílias de posses. Para trabalhar como empregada. Mas não eram empregadas porque não tinham salário nem dias de descanso. De um certo jeito, passavam a fazer parte da família. Assim era a Astolfina, apelidada carinhosamente de Tofa. Pois a Tofa perturbou-se com a morte da dona Sophia não por razões de amor. Perturbou-se por razões de pavor. Recusou-se a dormir sozinha no seu quarto. Ficou com medo de que a defunta lhe puxasse o pé. Naquela época era frequente que os mortos puxassem os pés dos vivos. Veio então dormir no nosso quarto, no vão entre a minha cama e a do Ivan, meu irmão. Pois não é que o Ivan, de noite, apertado de xixi, baixou a mão para pegar o penico que estava debaixo da cama, mas no escuro errou a direção e em vez de pegar o penico agarrou o pé da Tofa? Foi um dueto de pavor: soprano e tenor.

O que sei da minha avó são fragmentos duvidosos que me passaram. Mas me lembro com nitidez do seu retrato sobre o piano. Acho que ela deve ter gostado de o retrato dela ter sido colocado sobre o piano e não numa moldura oval, pendurada na parede da sala de visitas. O normal de toda casa era que os mortos fossem transferidos para a galeria dos antepassados falecidos, na sala de visitas. Os mortos, do alto dos pregos em que estavam pendurados, vigiavam os vivos através do vidro dos seus ataúdes ovais, com olhos permanentemente abertos. Eram fotografias em preto e branco. Mas logo chegaram os progressos da modernidade, e os fotógrafos passaram a maquiar os retratos com tons rosa, para que parecessem corados. Mortos com bochechas rosadas...

Havia mesmo lugares em que a prova suprema de amor para com o falecido era ter o retrato do defunto, no caixão mortuário. Levei um susto a primeira vez que vi, mas dissimulei. Olhei, compungido e respeitoso. Mas pensei que aquilo era o cúmulo do mau gosto. Pensei que eu não colocaria o retrato da pessoa amada deitada no caixão, mãos cruzadas no peito, olhos fechados e algodão no nariz pendurado na minha sala. Aí meu pensamento saltou do espanto para o humor. Fiquei intrigado. Como é que tiraram o retrato do morto? Não havia as máquinas fotográficas de hoje, pequenas e fáceis de manejar. Tirar retrato era um evento raro que requeria uma complicada parafernália, máquinas enormes e desajeitadas sobre um tripé, o fotógrafo com a cabeça enfiada dentro de um saco de pano preto, ligado à câmera, acho que para ajustar o foco. Aí me pus a imaginar a cena. Não era possível pendurar a máquina fotográfica no teto para fotografar o morto, de cima para baixo, deitado no caixão. O único jeito era pôr o defunto em pé. Imaginei dois homens fortes pegando o caixão pela cabeça e levantando-o com cuidado para que o defunto, duro, não caísse para a frente. O fotógrafo preparava a sua máquina e posso imaginar que algum deles, levado pelo hábito, dissesse na hora H: "Por favor, não se mexa". O defunto não se mexia, e o fotógrafo apertava o botão e, depois dos banhos químicos sabidos, o negativo virava quadro emoldurado que era pregado na sala de visitas, para ser contemplado por todos os visitantes. Aquelas casas eram um velório permanente.

Ao reler esse texto dei-me conta dos meus preconceitos culturais. Por que achar que a fotografia de um morto na parede de uma sala pobre é mau gosto? Não é verdade que eu gostaria de ter na minha sala a máscara mortuária de Beethoven, a máscara de um cadáver? E a tela que Monet pintou da sua adorada Camile na urna mortuária, não está ela cheia de ternura e tristeza?

Qual terá sido a origem desse costume de pendurar os retratos dos mortos nas paredes? Teria sido por amor? Pode ser. Mas acho mais provável que esse costume seja um ritual para apaziguar os mortos, para garantir que eles fiquem longe, no outro mundo. Há sempre o perigo de a casa passar a ser mal-assombrada se os mortos ficarem bravos por não se sentirem lembrados. O luto, ao contrário, acho que era um ritual para apaziguar os vivos.

O luto anuncia a tristeza. Anuncia que o morto ainda está vivo na saudade. As mulheres se vestiam de preto por um ano para assim demonstrar que eram mulheres "honestas", que ainda não se haviam esquecido, que não estavam à caça de um novo marido. Uma viúva de vestido colorido não podia ser mulher "honesta"...

Do retrato da minha avó Sophia, eu tenho memória nítida. De perfil, nariz decidido e forte, como aquelas efígies cunhadas nas pratinhas de dois mil-réis. Impassível, sem uma ameaça de sorriso, cabelo esticado para trás, terminando num coque, gola de renda. Dir-se-ia que ela estava fora do tempo.

Pouco se sabe dos seus antepassados. Na ausência de informações documentadas, só me resta a fantasia. Antepassados índios, o que não é descabido porque os relatos sobre a fundação da vila diziam que houve confrontos entre os aventureiros de espingarda e facão em busca de ouro e os índios que habitavam a região.

Dos índios de outros tempos apenas conheci dois cacos verbais. Meu pai, quando uma pessoa estava num aperto financeiro, dizia: "Ele está num tipiti danado". Eu entendia o que ele dizia: estar num tipiti é estar num torniquete. Mas nem ele nem eu sabíamos o que era tipiti. Fiquei sabendo depois de grande, quando vi um. É um artefato indígena usado para espremer a mandioca ralada até que todo o caldo lhe seja tirado. Por um salto metafórico, estar num tipiti é estar ralado, apertado.

O segundo remanescente verbal que encontrei foi o nome que davam à farinha de mandioca. Era farinha de suruí. Ora, suruí era o nome de um povo indígena que morou naquele lugar e não estava mais lá. Sobrou o seu nome, na farinha. Desse tempo de mistura entre aventureiros e suruis é possível que tenha nascido um ancestral da dona Sophia, e meu.

Mas o meu primo Tatão fantasiou mais, ao observar que eu e meu irmão Ismael temos cara, nariz e cabeça de libanês. Aconteceu mesmo, certa vez, no mercado velho de Salvador, que um patrício tenha se dirigido a mim em árabe e insistido na conversa mesmo depois de eu lhe haver dito que não falava a língua. Ele não acreditou...

Quando eu era menino, os grandes, nas rodas de conversa de que eu participava, viviam repetindo "antigamente", antigamente. Perguntei quando era antigamente e eles me deram respostas indefinidas, sem data certa. Agora eu sei: antigamente é um tempo que se foi, mas que se recusa a ir de vez e fica dentro da gente, atormentando o coração com saudade. Agora eu também falo do antigamente, o passado ausente, o "naqueles tempos" (havia a expressão tempo do onça. Era um antigamente mais antigo que o antigamente... Sabia disso. Mas ainda não entendo o que é "o onça"). O antigamente vai mudando. O antigamente dos meus pais era mais antigamente que o meu antigamente de agora. O meu antigamente de agora, o meu naqueles tempos é fogão de lenha, galinhas ciscando no quintal, velas e lamparinas, penicos debaixo da cama, lavar os pés do meu pai numa baciinha de ágata, colchão de palha de milho, cadeiras na rua depois da janta, uns visitando os outros sem avisar, Emulsão Scott em julho, purgantes para limpar os intestinos, os humilhantes chás-de-bico...

Naqueles tempos, sem jornal e sem telefone, um dos mais importantes veículos de comunicação de cultura eram os mascates sírio-libaneses. Chegavam à cidadezinha, a notícia corria, o povo ajuntava, e eles abriam suas malas cheias de mundos encantados, tecidos, perfumes, bijuterias, rendas, óleos embelezantes, pó-de-arroz, *rouge*, *bâton*, canivetes, facas, fumos, anzóis, pitos, as "últimas novidades" das grandes cidades e, não raro, medicamentos maravilhosos para uma infinidade de males. De repente o mascate turco se estabelecia como centro da vida da cidade, assunto das conversas, lugar de desejos. Pra vender tinham de ser bons de bico e o seu sotaque acrescentava às suas quinquilharias um ar de artigo importado. As mocinhas, acostumadas à fala caipira arrastada dos moços do lugar, ficavam encantadas com aquele homem de fala fácil que sabia tantas coisas de outros mundos. Da conversa, nasciam sonhos... É fácil imaginar que as ditas mocinhas, encantadas com o homem, acreditassem na sua promessa: eles se casariam, iriam para a cidade grande e ela teria lindos vestidos... É curto o caminho que vai dos sonhos a algum terreno baldio escuro... Vendidas as quinquilharias, o mascate se ia prometendo voltar em breve, e ela ficava esperando, esperando, enquanto a barriga crescia e o vestido ficava cada vez mais curto...

Pois na linhagem da dona Sophia há uma ancestral filha bastarda cujas origens nunca foram explicadas. Nem o nome dela eu sei. Mas gostaria de ter ouvido da mãe dela sua história de amor e dor. Assim, não é de todo improvável que no passado de dona Sophia haja uma história de amor pecaminoso entre uma adolescente bobinha e um mascate turco espertalhão. Razão para meu perfil árabe.

Dona Sophia nasceu num tempo errado. O tempo das Dores de Boa Esperança era o tempo da "moagem", palavra que os próprios filhos da terra inventaram. Moagem, de moer. Ficar rodando, como a moenda. A moenda que mói a cana, quando não era movida pela água, era movida por um burro preso à trava da atafona que andava em círculos o dia inteiro. Andava devagar. Não tinha pressa. Seu caminho levava a nada. Era circular. Voltava sempre ao início, girando, girando, andando sem sair do lugar. Assim é o ano, o tempo girando, voltando ao princípio, sabedoria do Eclesiastes, o que foi, isso é o que será, não adianta se afadigar, geração vai, geração vem, o sol nasce, o sol se põe, os rios correm para o mar e depois voltam ao seu início, tudo roda, o pão que joguei no rio ontem voltará a mim amanhã, porque os rios também giram. Tempo do Eterno Retorno de Nietzsche ou do tempo circular de Einstein. Quem navega nesse tempo circular sabe da inutilidade de tudo o que se faz, assim só cuida de que amanhã seja igual a ontem. Melhor é se abandonar ao manso ir das águas...

Altino Alves do Espírito Santo, marido da dona Sophia, acho que se inspirava no burro e se abandonava a uma tranquila preguiça própria de quem sabe da inutilidade de tudo o que se faz. Estava feliz em Macondo.

Dona Sophia arrebentou a trava da atafona. Recusou-se a andar em círculos. O seu tempo era outro. Queria apressar o rio. Remava. Não aceitava a pachorra da natureza. Era uma mulher moderna. Se a bula do miraculoso Elixir de Nogueira – o retrato do doutor Nogueira, bigodes retorcidos, impresso no rótulo, um "santo remédio", "eficaz no tratamento de escrófulas, darthros, boubas, inflamações do útero, corrimento dos ouvidos, gonorrhéas, fístulas, espinhas, cancros venéreos, rachitismo, flores brancas, úlceras, tumores, sarnas, rheumatismo em geral, manchas da pelle, affecções do fígado, dores no peito, tumores nos ossos, latejamento das artérias" –, se a bula dizia que era para tomar uma colher no almoço e outra na janta, dona Sophia argumentava com precisão matemática, regra de três: se duas colheres ao dia produzem cura em sessenta dias, oito colheres ao dia produzirão a cura em quinze dias. Ela já pensava conforme a lógica da indústria: para se encurtar o tempo, basta aumentar a velocidade. O progresso se produz conquistando o tempo vagaroso da natureza. Outra evidência da modernidade da dona Sophia, sua revolta contra a natureza, está numa coisa estranha que, segundo testemunhas fidedignas, ela fazia: se ela determinava que era preciso regar a horta, não importava que estivesse chovendo. De guarda-chuva aberto e regador na mão, ela regava suas couves e seus quiabos. O tempo da dona Sophia não girava. Era o tempo do progresso, dos "novos tempos", das novidades. Pois uma fábrica não é um espaço em que as ações dos homens estão fora das flutuações do tempo?

Tenho, no meu escritório, uma relíquia da sua riqueza: um calendário que descobri jogado num museu. É uma gravura evidentemente importada. O cenário é bucólico. Ao fundo, uma campina cortada por um caminho. Separando esse fundo indefinido do "palco", uma cerca de madeira, troncos roliços de *birch*, na horizontal, revelando que se trata de um cenário europeu ou norte-americano. No Brasil não se faziam cercas assim. Uma dama elegantemente vestida, enorme chapéu, sombrinha vermelha com franjas brancas, sapato preto bicudo com fivela dourada, a filha de uns 10 anos também com chapéu e vestido rendado cor-de-rosa, a brincar com um *collie*, raça de cachorros estrangeiros que lá não havia. No calendário estava escrito:

1917 – Boas Festas

SOPHIA ALVES DO ESPÍRITO SANTO

NEGOCIANTE

Fazendas, Armarinhos, Ferragens, Calçados, Chapéus,
Louças, Perfumarias, Couros e Molhados

Praça da Boa Morte – Telephone N. 4
Dores da Boa Esperança – Sul de Minas

Dona Sophia era uma negociante de sucesso. Esse era o seu sonho: queria ficar rica. Se ficasse rica, ficaria feliz. Respeitava todas as crendices relativas à riqueza. Como, por exemplo, aquela que diz que caixa de marimbondos na casa atrai dinheiro. Aconteceu que a dona Sophia contratou pintores para pintar sua casa. Lá no alto havia duas caixas de marimbondos, marimbondos de fogo... Ela pensou que queimar as caixas para completar a caiação poderia trazer azar. Decidiu: ordenou que o pintor pintasse também as caixas dos marimbondos da mesma cor, integrando-os, assim, afetuosamente, à sua própria casa. Não sei como foi que os pintores cumpriram a ordem sem serem ferroados pelos ditos. Acho que esperaram a noite, quando os marimbondos se recolhem... Mas os marimbondos não entenderam a beleza do gesto da minha avó. Fugiram pra nunca mais voltar.

Nascida pobre, pôs-se a trabalhar com vontade de ferro e rica ficou. Seu estabelecimento equivalia a um shopping center. O dinheiro sobrava. Tanto assim que ela podia se dar ao luxo de mandar imprimir o dito calendário de arte a ser distribuído para os fregueses como brinde de Natal. E, acima de tudo, tinha o telephone. N. 4.

É possível que você, leitor, não saiba como eram os telefones de antigamente que foram parte da minha infância. Vou explicar. Na casa ficava o telefone, com uma manivela. Desse telefone partia um fio que o ligava à central telefônica. Na central telefônica ficava a telefonista, assentada diante de um painel. Na mesa do painel estavam os machos ligados aos fios dos telefones chamantes. Na parte vertical do painel estavam as fêmeas dos telefones para onde a ligação deveria ser feita. Quero fazer um telefonema. Dou três giros curtos na manivela do meu telefone para me comunicar com a telefonista. A telefonista ouve uma campainha e me atende com a pergunta: "O número, faz favor...". Eu digo: "Telefonista, por favor, 272". A telefonista procura, no painel vertical, a tomada com o número 272. Toma então o plug do meu telefone e enfia-o na tomada do 272, macho e fêmea, dando a seguir um sinal para que o telefone 272 saiba que há uma chamada. A campainha do telefone 272 toca. A pessoa atende. Está feita a ligação. Terminada a ligação, gira-se a manivela novamente três vezes, para que a telefonista saiba que a ligação terminou.

Nas cidades muito pequenas não era assim. Todo mundo se conhecia. Dona Sophia chamava a telefonista. A telefonista atendia: "Com quem a senhora quer falar, dona Sophia?". "Cidinha, quero falar com a Genny". A telefonista ligava para a Genny, que atendia do outro lado da linha. "Quem me chama, Cidinha?" "É a dona Sophia..." E assim ia. A telefonista ouvia as ligações e sabia da vida de todo mundo. Os telefones estavam sempre grampeados e ninguém protestava. A telefonista era o centro de fuxicos da cidade.

Aí eu me pergunto: para que um telefone? Quantos telefones haveria em Dores da Boa Esperança? Cinco? Dez? O tempo passava devagar, as pessoas preferiam ir caminhando pela rua, vendo coisas, encontrando gente, papeando... Só os metidos a rico, ganjentos, usariam o telefone para se exibir. Interurbano nem pensar. Mesmo que se conseguisse fazer a ligação, o que era raro, quase não se conseguia ouvir. Era preciso berrar. Foi aos berros que o Pitiu ordenou que se dinamitassem as pontes. Sobre esse notável cavalheiro falaremos mais tarde. Qual a razão que levou dona Sophia, mulher prática, a colocar um telefone no seu estabelecimento? Colocou um telefone no seu estabelecimento para que ele aparecesse no calendário que iria dar de brinde aos seus fregueses. Ter um telefone naqueles tempos era o mesmo que ter um Mercedes hoje. Os motivos psicológicos que movem o comportamento humano não mudam. É preciso conhecer psicologia para entender a alma da economia. Como disse Veblen, os homens não compram utilidades. Eles compram símbolos. Em Dores da Boa Esperança, não havia nada mais inútil que um telefone. Mas ele, o telefone, tinha um poder simbólico extraordinário. Hoje é raro que alguém compre um Mercedes por razões práticas. Compra-se um Mercedes para publicar no calendário...

O conselho que Maquiavel deu ao príncipe, afirmando que o importante não é ser virtuoso mas parecer virtuoso, se aplica também ao mundo dos negócios: o importante não é ser rico, é parecer rico. Se você parece rico, os bancos lhe dão crédito, e você fica rico. Mas se você é rico sem parecer, os bancos não lhe emprestarão um tostão... Dona Sophia, sem ter lido Maquiavel, chegou à mesma conclusão por pensamento próprio. Não se contentava em ser rica. Queria parecer rica. Certa vez, viajou até o Rio de Janeiro com o meu pai. Naqueles tempos, caçoar de alguém era uma prática corriqueira. Caçoava-se dos feios, dos aleijados, dos bobos, caçoava-se de tudo o que fosse diferente. Pois a dona Sophia ficou com medo de que os carregadores de mala da cidade grande caçoassem dela, por causa do peso de sua mala, muito leve. Mala leve é símbolo de pobreza. Assim, inteligente, ela logo arranjou um jeito de parecer rica aos olhos dos carregadores. Embrulhou alguns tijolos e os colocou dentro da mala. A mesma mala. Mas o peso mudou o símbolo! Esse mesmo medo primitivo reapareceu no meu pai, depois de velho, já navegando no rio sem fim. Ele só saía de casa com uma nota aparecendo no bolso da camisa. Aquela nota dizia àqueles com quem se encontrasse: "Tenho dinheiro. Sou rico".

A riqueza que o calendário-brinde de 1917 anunciava é nada se comparada com o noticiado no jornal *A Esperança*, de 20 de novembro de 1927. Na página 4 aparecem dois grandes anúncios. Um, da firma Sophia Alves do Espírito Santo, em que se anunciava que sua firma era correspondente dos bancos do Brasil e Commercial e também agente da Studebaker do Brasil. O outro, da firma H. Alves & Cia., seu filho, meu pai, que se apresentava como compradora de café para exportação, tendo um armazém com grande *stock* na estação de Jacaré, sendo também correspondente dos bancos do Crédito Real de Minas Geraes e Commercio e Industria de Minas Geraes, além de ser agente da Standard Oil Company.

É preciso notar que o sucesso de dona Sophia nos negócios se deu pela conjugação de vários elementos: determinação férrea, capacidade de empreender, tino comercial e realismo em questões de dinheiro. Por isso alguns a acusavam de pão-dura. Não admitia jogar dinheiro fora. Gastar dinheiro com calendário tudo bem, porque isso era propaganda que reverteria em lucro para a empresa. Mas dar gorjeta pra garçom é jogar dinheiro fora, sem retorno. Evidência desse traço do seu caráter aconteceu na viagem que fez ao Rio de Janeiro na companhia do meu pai, um mão-aberta que fazia questão de exibir sua riqueza. Ela sorrateiramente recolhia as gorjetas que ele deixava nas mesas dos restaurantes para os garçons.

Mas a dona Sophia não se sentia realizada com toda a sua riqueza. Faltava-lhe alguma coisa que não se compra com dinheiro. Rica ela era. Mas era plebéia. Sangue ruim, misturado, de origens desconhecidas. Não tinha pedigree. O que ela mais desejava era ter aquela estirpe nobre que o *Almanak* lhe negava. Era comum que os homens ricos comprassem títulos de nobreza. Com dinheiro, os covardes viravam coronéis, majores e capitães. Mas não havia nada parecido para as mulheres. Elas não podiam comprar títulos. Mas havia um outro jeito...

O RIO GRANDE

O rio Grande ensinava preguiça. Escorria sonolento. Ia como quem não quer ir. Empurrado. O Heládio Brito, poeta, sabe o ser dos rios: "Eu vim de ver o rio, o frouxo ir das águas, pesadas delas mesmas, grossas das lonjuras vindas no irem sendo rio. Líquido boi cansado carregado de peixes...". Guimarães Rosa, talvez contemplando o São Francisco, confessou o seu amor pelos rios. "Amo os grandes rios, pois são profundos como a alma dos homens. Na superfície são muito vivazes e claros, mas nas profundezas são tranquilos e escuros como os sofrimentos dos homens. Amo ainda mais uma coisa de nossos grandes rios: sua eternidade. Sim, rio é uma palavra mágica para conjugar eternidade..." E Heráclito, o obscuro, filósofo grego, tomou o rio como a imagem do mundo. Tudo é rio. Tudo passa sem parar. Não se pode entrar no mesmo rio duas vezes. Assim era o rio Grande. Ensinava filosofia. Filosofia Tao.

Mas, ao se aproximar de Lavras, o rio Grande era repentinamente espremido numa estreitíssima garganta de pedras, pela qual as águas passavam com fúria. Era o "funil" que passou a ser agregado ao nome da cidade que virou Lavras do Funil. Lugar de perigo. Muitos distraídos foram tragados pelas águas. Mas era um lugar bom de se pescar, porque os peixes, subindo o rio manso em busca das nascentes, eram parados pela força das águas. Pesquei lá muitas vezes. Hoje não existe mais. Construíram uma barragem. O funil foi coberto pelas águas do progresso. Sua fúria amansou. Na fundura serena das águas não mais estranguladas pela garganta estreita os peixes nadam tranquilamente. Dali para baixo, o rio ficava preguiçoso de novo, prestando-se à navegação. Foi então que homens progressistas da cidade de Lavras, entre eles o doutor Jorge, avô materno de minha mãe, e o seu genro, capitão Evaristo, pai de minha mãe, tiveram a idéia de montar uma companhia de navegação que, começando no porto de Ribeirão Vermelho, a oito quilômetros de Lavras, desceria até Boa Esperança. O vapor, parecido com aqueles do rio Mississipi, veio dos Estados Unidos. Imagino que o seu transporte do Rio de Janeiro até Ribeirão Vermelho deve ter sido uma epopéia a se comparar com a epopéia do transporte da pedra do altar para o convento de Mafra descrito por Saramago, no seu livro *Memorial do convento*. Rio abaixo, de Ribeirão Vermelho a Boa Esperança, a viagem levava dia e meio. O vapor, elegante, era dotado de camarotes. Rio acima, três dias, duas noites sobre as águas. Devia ser bonito e silencioso. Foi nesse vapor que os casadinhos de novo, meu pai e minha mãe, viajaram naquele dia de começo de setembro do ano de 1919. Os ipês amarelos estavam em flor.

Aquele casamento ligava duas fortunas e dois sangues: um sangue ruim, misturado, e um sangue azul, supostamente puro. Mas plebeu que se casa com princesa fica nobre. A excelentíssima esposa do filho da dona Sophia tinha sangue azul e era pianista. Seu piano Pleyel, presente de casamento do capitão Evaristo, seu pai, em breve chegaria a Dores, diretamente de Paris, alterando a estatística do *Almanak*. Realizava-se o sonho da dona Sophia.

O foguetório era para anunciar que os nubentes acabavam de desembarcar do vapor *Doutor Jorge*, no porto do rio Grande, depois de uma viagem de um dia e meio rio abaixo, desde o porto de Ribeirão Vermelho. Todo mundo tinha de saber. Naquele momento, a comitiva estava a caminho, os homens cavalgando em selas e arreios, minha mãe cavalgando em silhão porque em Dores não havia liteira. Silhão, se é que você não sabe, foi a solução encontrada pelos artesãos defensores da castidade para evitar a indecência de uma mulher cavalgando de pernas abertas, como os homens. No silhão cavalgava-se assentado. De fato, era perigoso para uma mulher cavalgar de pernas abertas, mormente se fosse virgem. Havia sempre duas possibilidades, pelo menos na imaginação dos homens. Primeira, que a virgem viesse a perder sua virgindade, o que a infelicitaria pelo resto da vida, posto que o marido não acreditaria nas explicações que ela daria na noite de núpcias. Segunda, mais realista, que as pressões rítmicas da sela sobre as partes secretas da mulher viessem a lhe causar prazeres proibidos. Aqueles movimentos do cavalo, especialmente se for trotão, sugerem imediatamente os movimentos de um coito e os seus deleites, coisa que eventualmente era confirmada pelo sorriso de prazer da amazona. Ora, isso é incompatível com o caráter puro de uma excelentíssima mulher honesta. Mulheres honestas não gostam de sexo. Por isso a mulher tinha de ir assentada no silhão, pernas castamente fechadas, o seu cavalo a andar passo a passo, como se estivesse seguindo uma procissão.

O vapor *Doutor Jorge*, eu o vi 22 anos depois, quando tinha sete anos, afundado no porto de Ribeirão Vermelho. Dizem que a sua chaminé ainda pode ser vista hoje quando o rio está baixo.

Minha avó sorriu feliz. O seu sonho de nobreza, acrescentado ao da riqueza, estava realizado.

MEU PAI

Meu pai tinha um nome estranho. Que eu saiba esse nome só houve em Dores da Boa Esperança. Acho que ele se envergonhava do nome porque, nas apresentações, ele o falava bem baixinho, acho que para o outro não ouvir.

Qual seria a origem de um nome tão esquisito, de mau gosto, mesmo? Uma coisa é certa: não foi invenção de pai ou mãe dorense, porque lá os homens todos tinham nomes comuns e cristãos. Era sabido que ter o nome de um santo era ter o santo como padrinho, e isso ajudava a vida na terra e a entrada da alma no céu. Padre não aceitava nome diferente. Quando meu irmão foi ser batizado, o padre refugou ao ouvir o nome da boca do meu pai. "Ivan não é nome cristão." E sem aceitar argumentos batizou o meu irmão de Ivan José, que é o nome por que ele deve ser conhecido nos cartórios divinos, muito embora nos cartórios humanos ele continue a ser simplesmente Ivan. O que me intriga é: o que foi que fez com que o padre aceitasse o nome do meu pai? Não era nome cristão. Era nome de um maldito condenado às profundezas do inferno: Herodiano. Você conhece algum Herodiano? Em Dores ele não foi o único. Como eu disse, esse nome só poderia ter vindo de fora, e esse que veio de fora com esse nome foi um juiz. Imaginem agora se o padre, na pia batismal, recusasse o nome, mormente se o meretríssimo juiz doutor Herodiano fosse o padrinho. Estava declarada guerra entre a Igreja e a Justiça. Se a Igreja e a Justiça estivessem em guerra, como poderiam padre e juiz subirem juntos nos palanques das festas?

Quais teriam sido as razões que levaram o pai do juiz a dar-lhe esse nome maldito? Maldito sim, porque Herodiano vem de Herodes, aquele rei facínora que mandou matar a espada todas as crianças pequenas na esperança de matar Jesus. Tão ruim era Herodes que todo mundo rezava por sua morte. Vendo a morte aproximar-se e imaginando as celebrações de júbilo nas cidades de Israel, ele ordenou que no dia da sua morte todos os líderes das aldeias fossem passados ao fio da espada para que todo mundo chorasse. Não sei se foi assim mesmo, mas foi o que me contaram. É certo que o pai do juiz Herodiano não gostava da Igreja. O padre, para ser coerente com a sua fé, deveria ter-se recusado a batizar o meu pai com o nome Herodiano. Mas, como é bem sabido, os interesses do poder suplantam as convicções da fé. Como o nome Herodiano era comprido e complicado de falar, a preguiça do povo o encurtou, e meu pai passou a ser conhecido como Diano, o que, para ele, foi um alívio.

O que terá levado as mães a escolher esse nome feio se há tantos nomes bonitos? O nome é feio, mas imagino que o "meritíssimo" devia ser bonito. Nome feio em homem bonito fica bonito como o homem... Homem de cidade grande, falava no "xis", almofadinha, tomava banho, fazia a barba com navalha, aparava o bigode, passava brilhantina no cabelo, usava lenço perfumado no bolsinho do paletó e colarinho engomado com gravata. Além do que, ele jamais faria o que era comum entre os homens do lugar: ele não enfiava a camisa por dentro da cueca.

Naquele tempo as cuecas eram de confecção caseira. As noivas, zelosamente preparadas por suas mães para o casamento, além de aprender a cozinhar e a fazer doces e quitandas, tinham de aprender a fazer vestidos e calças para elas mesmas (era assim que se denominavam aquelas peças do vestuário feminino que hoje são chamadas calcinhas. Naqueles tempos, não havia razão alguma para o "inha", porque eram rústicas, motivos de vergonha, e não deveriam ser dependuradas em varais, onde poderiam ser vistas pelos homens de imaginação descontrolada. A quantas orgias se entregavam os homens pela simples contemplação dessa peça do vestuário feminino! De seda, com rendinhas, só mesmo no corpo de mulheres de vida fácil. Também atendiam pelo apelido de V-8, nome que nada tinha a ver com motor de automóvel. Nunca me explicaram a razão de tal apelido. Imaginei que o V tinha a ver com o fato de que, se vistas de frente, pareciam um V. E 8 porque, se vistas de cima para baixo, os dois buracos faziam um 8), e calças, camisas e cuecas para seus maridos, e também toalhas de banho, feitas de sacos de algodão que eram descosturados, abertos, alvejados com folhas de mamão no coradouro e, finalmente, costurados uns nos outros para virarem toalhas. Eu mesmo só vim a conhecer toalhas de banho compradas em lojas quando adolescente, no Rio de Janeiro. Aí, felicidade suprema, no dia do casamento a noiva ganhava uma máquina de costura Singer que seria seu instrumento de trabalho e sobrevivência caso o marido morresse, como aconteceu com a minha tia Marieta, que muito amei. Sustentou os filhos costurando. Ela era tão alegre! Morreu de um jeito que eu gostaria de morrer. Estava tomando sopa com as duas filhas, falou uma coisa engraçada como era seu costume, deu uma gargalhada e seu rosto mergulhou no prato. Morreu em meio a uma risada, tomando sopa...

Pois as cuecas, quando não eram ceroulas, tinham pernas até o joelho e eram abotoadas na cintura. O fato de as pernas das cuecas irem até o joelho lhes dava utilidades impensadas, como aconteceu com o meu tio Antônio, apelidado Fodosca, pescador inveterado. Havendo feito uma grande pescaria, os peixes não cabendo no embornal, ele teve uma idéia criativa: tirou as calças, tirou a cueca, deu nós nas pernas da cueca e a encheu de peixes...

Mas os homens do lugar, sem conhecimento das finezas da cidade, enfiavam a camisa dentro da cueca, puxavam a cueca para cima, e ela ficava aparecendo sobre o cinto largo na cintura, exibindo o botão de madrepérola. O doutor Herodiano, sabendo que aquelas cuecas eram ridículas, não permitia que fossem vistas por ninguém e muito menos pelas mulheres: ele enfiava a camisa entre a cueca e as calças para que a cueca não aparecesse.

Meu pai ganhou a vida de muitas maneiras. Era menino pequeno quando seu pai morreu. Teve de deixar o grupo escolar no segundo ano, para ajudar a mãe. Não sei se chegava a ser uma "loja". Acho que não passava de uma bitácula, botequim onde se vendia cachaça, fumo de rolo, toucinho de porco, velas, fósforos, querosene, que atendia pelo nome de "criosene", açúcar mascavo, rapadura, lamparinas. Sua primeira obrigação era varrer, pois loja mal varrida é sinal de dono desmazelado. Até bem velho, ele guardou a mania de varrer. Era também responsável por acender os lampiões a querosene, o que ele fazia subindo num tamborete. Aos 14 anos, já era responsável pelo negócio, que já não era mais uma bitácula, mas um respeitável estabelecimento que vendia ferragens, tecidos, bijuterias, perfumarias, armarinhos. Progrediu. Ficou muito rico. Já mencionei a versatilidade da sua empresa. Era proprietário da única bomba de gasolina da cidade (naquele tempo não havia posto de gasolina; era uma bomba mesmo, cilíndrica, vermelha, numa esquina. A gasolina era bombeada à mão e enchia um cilindro de vidro na cabeça da máquina, onde estavam indicados os litros), proprietário de várias casas de aluguel, pelas quais nunca recebeu um tostão porque os inquilinos eram pobres. (Ele não conseguia cobrar. Quando, andando pela rua, percebia que um devedor se aproximava, virava a primeira esquina para não lhe causar constrangimento... Meu irmão Ismael me contou que papai, certa vez, como representante de uma firma no Rio, foi cobrar uma dívida na Vila Nepomuceno. A casa do devedor, com todas as janelas abertas, indicava que havia pessoas lá dentro. Pois ele chegou pé ante pé e bateu à porta bem de leve, para que ninguém escutasse. Como ninguém atendeu ele se foi, relatando à dita firma que, no cumprimento de sua missão de cobrança, não havia encontrado ninguém na casa.) Exportador de café, dono de fábrica de móveis, armazéns, teatro-cinema, restaurante, serraria, fábrica de manteiga, bar, sua loja vendia de tudo, até urnas mortuárias. Provocou revolução em Boa Esperança e redondezas fabricando picolés. Foi à falência, ficou pobre, ganhou a vida no cabo de foice e enxada, virou viajante, vendia de tudo, sacos de aniagem para os fazendeiros, coco ralado, calendários, correias para movimentar polias, caixas de doces de fruta em pasta, brinquedos de celulóide, pedras semipreciosas, materiais para farmácia, inclusive camisinhas, não sei como se chamavam naqueles tempos. Isso foi meu irmão Ismael que me contou: acompanhava meu pai nas viagens de trem, fuça daqui, fuça dali, abriu uma caixa parecida com uma caixa de charutos, e lá estavam elas, arranjadas como numa exposição. Ele levou um susto, acho que nem sabia direito para que aquilo servia.

Perguntei se ele tinha certeza de que elas eram para venda e não para uso pessoal; aí ele desconversou.

Mas antes de prosseguir é necessário esclarecer a fabricação das urnas mortuárias que naquele tempo não tinham esse nome pomposo. Eram conhecidas pelo nome verdadeiro, caixões de defunto, porque é isso que são. O defunto é literalmente encaixotado, não importando a forma exterior do caixote. Eles, os caixões, vinham das fábricas em estado de esqueleto, armações de madeira, ripas de pinho, em tamanhos vários, para se ajustarem ao tamanho do falecido. Era nas lojas em que os ditos esqueletos eram vendidos que se fazia o acabamento em tecidos de cores várias, de acordo com o gosto do freguês. O branco era reservado para os anjinhos e as virgens. Presenciei, na cidade de Perdões, um costume curioso, num enterro de uma virgem. Vinha o caixão sendo piedosamente carregado por homens quando, ao se aproximar o enterro da igreja matriz, várias virgens das Filhas de Maria, todas de branco, inclusive o véu, substituíram os homens nas alças pelas quais o caixão era carregado. Passada a igreja, os homens voltaram às alças e as virgens voltaram aos seus lugares. Fiquei intrigado. Depois de muito pensar, concluí que assim se fazia para evitar que Deus, que mora na igreja e de lá observa as coisas, vendo a virgem sendo carregada por homens, chegasse a conclusões indevidas que maculassem o estado virginal da defunta. A virgem nem depois de morta podia ter qualquer relação com os homens. É preciso evitar as aparências enganosas. Até mesmo Deus pode se enganar... Voltando à loja do meu pai: o freguês chegava, expunha o seu caso, e o meu pai lhe mostrava os tecidos mais cheios de dor, geralmente roxos com beiradas douradas. Aí pregava-se o tecido sobre o esqueleto de madeira com tachinhas, e estava pronto o caixão de defunto, e o freguês o levava, ou no ombro ou debaixo do braço, conforme o tamanho. Acho que eram mais ecológicos que os de hoje.

Como eu dizia, meu pai ganhou a vida de muitas maneiras, mas sua vocação era a de alquimista. Eu exerci a arte da psicanálise. Um dos meus clientes foi o artista Geraldo Jürgensen. Certo dia, ele chegou para a sessão com cara de moleque. Perguntei logo: "Que arte você andou fazendo?". Aí ele me contou. Fora contratado por uma loja do shopping center para fazer uma decoração. Estava sem idéias. Resolveu ir caminhar por um pasto para ver se a inspiração vinha. Veio da forma mais inesperada. Pisou num bolo de bosta de vaca mole. Ficou muito bravo. Agachou-se para limpar a gosma. Aí olhou ao redor. O que ele viu o encheu de alegria: dezenas de montes de bosta de vaca seca, redondos, esculpidos. Viu imediatamente o que devia fazer. Foi para casa, pegou uma cesta, voltou ao mesmo lugar, catou um certo número de bostas secas, levou-as para o seu ateliê, limpou-as com um pincel, pintou-as com um spray de tinta dourada e com elas fez um móbile que, naquele momento, estava pendurado no shopping, e todo mundo queria saber a técnica que usara para produzir aqueles objetos mágicos, tão delicados, tão leves. E começou a rir. Aí eu tive *satori*. Compreendi que isto é a arte da psicanálise: transformar bosta em ouro. Pois esta era a verdadeira vocação do meu pai: alquimista. Só que ele não usava tinta dourada para transubstanciar bosta em ouro. Ele usava as palavras. Usava as palavras com tal magia que ele mesmo acabava por se convencer. Não queria ver ninguém triste. Ele fantasiava e pronto: estava inventado. O problema é que a bosta dourada não dura muito. Esfarela-se. Volta a ser bosta...

Era um homem bonito, assim me disseram. As mulheres o achavam parecido com Rodolpho Valentino. Queria ver todo mundo feliz. Queria ver todo mundo feliz porque ele mesmo queria sentir-se feliz. Falava felicidades. No seu mundo não havia lugar para dor. Se a dor aparecia, ele a transformava magicamente por meio das palavras. Por isso eu me senti sempre órfão. Não tinha com quem falar sobre as minhas dores. Se eu levasse a ele minhas dores, meu pai não saberia acolhê-las. Seria doloroso demais. Para ele. Ele era fraco. Empunhava sua vara de condão e minhas dores se transformavam em risos. Para ele. Mas em mim elas continuavam a doer. Fui sempre sozinho.

Ele era um ator que acreditava no seu script. Sei mesmo que chegou a fazer algumas experiências no palco, em Boa Esperança. Não deu certo, mas representou seu papel a vida inteira. Eu disse "representou". Mas está errado. Um bom ator não representa. Ele vive o seu papel. Shakespeare se assombrava com o que acontecia com os atores. "Não é incrível que um ator, por uma simples ficção, um sonho apaixonado, amolde tanto sua alma à imaginação, que todo se lhe transfigure o semblante, por completo o rosto lhe empalideça, lágrimas vertam dos seus olhos, suas palavras tremam e, inteiro seu organismo se acomode à mera ficção? E tudo por nada!" Meu pai vivia as suas ficções. Especializou-se em papéis alegres. Seu público era qualquer grupo de pessoas. Onde ele estava tudo era alegria.

Tinha tristeza de não ter estudado. Tratou de compensar. Por conta própria, estudou francês, que usava nos restaurantes do Rio que imitavam Paris. "*Poisson sans boisson, c'est poison...*", ele repetia num tom de brincadeira. Comprou um atlas enorme, em francês. Uma enciclopédia de capa preta. Eu ficava olhando as lombadas dos volumes escritas em dourado onde estavam as primeiras e as últimas palavras de cada volume. Volume I: A-ARAVEÇA. Volume II: ARAVEL-BEGH. Volume III: BEGONIA-

-CAFÉ. Até aí eu sabia de cor. O restante não consegui aprender. Meu irmão Ismael foi atrás da dita, que está depositada num canto de um museu onde ninguém a olha, e completou: IV: CAFEATO-CHLORASTROLITE. VI: CROCIDURA-DRAMA. VII: DRAMADEIRA-ESTRELA DO SUL. VIII: ESTRELLAMINGALEOS. IX: GALEOTA-HIPPODROMIA. X: HIPPODROMO-JYNGIPICO. XI: K-MACCHABEUS. XII: MACCHIA-MINHO. XIII: MINHOCA-OBVOLVIDO. XIV: OC-PELIBRANDO. XV: PELICANA-POUCHYA. XVI: POUCO-RIO DO FARO. XVII: RIO DE JANEIRO-SCHWARZWASSER. XVIII: SCHWATKA-SURURUS. XIX: SURVILLE-TURVO. XX: TURVO GRANDE-ZYZYN (*Encyclopaedia e Diccionario Internacional,* Lisboa, Rio de Janeiro, São Paulo, Londres, Paris, Nova York, W. W. Jackson, editor, sem data de publicação). E a coleção Biblioteca Internacional de Obras Célebres. Meu pai a abria na página do poema de Guerra Junqueiro e o lia. Ao final do poema, eu estava chorando. E me mostrava a ilustração de Robinson Crusoé: ele espantado diante das pegadas na areia que não eram suas. A *Encyclopaedia* foi-se. O atlas francês desapareceu. Restaram-me quatro volumes da Biblioteca Internacional de Obras Célebres.

Pagou caro por sua vocação artística. Arthur Miller, sem o conhecer, escreveu a sua estória: *A morte do caixeiro-viajante*. Quando vi essa peça pela primeira vez, num teatro em São Paulo, o impacto foi tão grande que me senti fisicamente mal. Era a estória da vida do meu pai. O script da vida não é igual ao script da peça. A fotografia dele de que mais gosto é uma em que ele, já velho (mais moço do que eu agora), está assentado numa poltrona, fumando o seu cachimbo, com olhar perdido. A fumaça, em suas espirais azuis, vai dissolvendo os contornos nítidos das coisas. Ela tem um poder de "desrealização" das coisas sólidas. Os pintores chineses sabiam disto e, para misturar realidade com irrealidade, enchiam suas telas com neblinas. O cachimbo é um objeto "nefelegênio" (não procure no dicionário. Acabei de inventar essa palavra. Quer dizer "gerador de nuvens"). As últimas palavras que ouvi dele foram: "Ainda há esperança?". Bela pergunta para quem nasceu em Boa Esperança. De toda a riqueza, o que dele herdei foi um peso de papel de vidro verde, cheio de bolhas de ar. Olhando para aquela infinidade de bolhas de ar, de tamanhos variados, iluminadas pela luz, imagino que dentro do peso de papel há galáxias e estrelas...

OS JUÍZES

Os juízes, doutores vindos da cidade grande, faziam questão de demonstrar que não eram do lugar, que estavam ali apenas de passagem, à espera de promoção. Eram posudos, ganjentos, diziam frases latinas em seus discursos, "*fero fers tuli latum ferre*", quem com ferro fere com ferro será ferido; o latim estava errado, mas, como ninguém sabia, não fazia diferença. Os homens do lugar ficavam murchos diante do juiz, gaguejavam e chegavam mesmo a perder a fala.

Açougues eram lugares de horrores. Minha mulher, grávida pela primeira vez, desmaiou ao entrar num deles. As moscas, as carcaças de porcos e vacas penduradas em ganchos, o sangue pingando, os fígados sobre o balcão: um espetáculo surrealista. Juízo semelhante sobre os açougues emitiu a Adélia Prado. "O açougueiro e sua faca me expulsam, porque eu não tenho santidade, eu não sou digna de pôr os pés no lugar mais deprimente do mundo. Quando eu quero ficar humilde, eu visito açougues, entro de um em um..." (Adélia Prado, *Solte os cachorros*, p. 9). De fato açougue é lugar de penitência. Se ainda se encontram açougues assim por este Brasil, imaginem como era antigamente. Para escapar do incômodo havia uma alternativa: comprar carne do vendedor ambulante, quase sempre um negro, pés descalços, calça arregaçada, equilibrando tabuleiro de madeira na cabeça, cheio de pedaços de carne, cobertos com folhas de bananeira, seguido por uma nuvem de moscas e cachorros, o que era normal. Empregado do açougueiro, ele apregoava a sua mercadoria: "Lombo de porco! Costela! Toicinho! Pernil! Fígado! Bucho!". As donas de casa saíam à rua, ele tirava o tabuleiro da cabeça, e elas escolhiam. Mas havia aqueles que preferiam ir aos açougues, minúsculos cômodos sem janelas com uma porta de grades à frente, sempre cheios de moscas.

Aconteceu que um juiz novo chegou à cidade cheio de boas intenções e se dispôs a se misturar com o povo. Saiu a caminhar, tirando respeitosamente o chapéu para todos que encontrava. Foi indo assim até chegar ao Açougue Nossa Senhora da Misericórdia, propriedade do Tibúrcio, que acabara de matar um porco. A gritaria do porco, ouvida na cidade inteira, dispensava propaganda. Gritaria de porco: carne do porco no açougue do Tibúrcio. E lá estavam as duas metades, pendentes do teto, penduradas em ganchos. O juiz, para puxar conversa, afirmou com a autoridade da sua voz: "Então o senhor abate suínos!". Tibúrcio perdeu a fala. Ficou gelado. Não sabia o que era "abate" nem "suíno". Com certeza o meretríssimo o pegara em alguma infração da lei. O jeito era negar o crime. Gaguejou. "Não senhor, não senhor... Eu só mato porco...".

Um outro caso de desencontro entre os homens do lugar e os juízes efêmeros se deu quando um roceiro que viera à cidade para comprar querosene, sal, rapadura e fumo de rolo se sentiu premido por uma urgência fisiológica inadiável. Sem alternativas, fez o que normalmente fazia na roça. Valendo-se de um muro de adobes caído entrou num terreno baldio onde o mato crescera, abaixou as calças, agachou-se e pôs-se a obrar. Vinha por aquela mesma rua um juiz com chapéu panamá e guarda-chuva enrolado que fazia as vezes de bengala, costume generalizado naquela época, que, vendo o homem fazendo o que fazia, horrorizou-se com tal falta de respeito, posto que era provável que por ali viessem a passar excelentíssimas senhoras. "O senhor não sabe que é contra a lei defecar em público?", esbravejou o juiz. Sem saber o que era "defecar", o roceiro entendeu a mensagem, e sem sair da sua posição deu uma lição de Filosofia do Direito ao juiz presunçoso: "Seu dotô, há necessidades que são mais fortes do que a lei...".

O PIANO

Depois de meses de espera, chegou o piano de minha mãe. Foi a notícia mais importante naquele dia igual aos outros. Já mencionei que os almanaques, entre todas as informações importantes que registravam, informavam o número de pianos que havia nas cidades. Por que não o número de violões e clarinetas? Nos censos modernos, para se avaliar a qualidade de vida de uma família, são pedidas informações sobre geladeiras, máquinas de lavar roupa, telefones, computadores. Tais objetos são índices da situação econômica de uma família. Pois os pianos, naqueles tempos, eram índices de grande importância. Pianos eram instrumentos de música fina, importados de Paris. Assim, o grau de cultura de uma cidade podia ser avaliado pela quantidade de pianos que nela havia. Em Minas, Juiz de Fora era a cidade que tinha mais pianos. Murilo Mendes a chamava de "a cidade dos pianos". Foi lá que minha mãe adolescente completou a sua cultura pianística. Daí a importância daquele dia. Boa Esperança subia em importância cultural. Um piano novo, importado de Paris, havia chegado. Na casa do Diano, filho da dona Sophia. Chamaram um marceneiro para desencaixotar o piano. O povo se aglomerou fora da casa. O marceneiro, consciente da importância daquele evento, chegou com sua caixa de ferramentas, vestido de fraque.

INÍCIO DA MINHA EDUCAÇÃO SEXUAL

Menino inteligente e de olhos curiosos, decifrei desde muito cedo os mistérios do sexo, a diferença entre os homens e as mulheres. E isso por conta própria, sem que ninguém me contasse. Percebi que homens eram aqueles que usavam calças. Mulheres eram aquelas que usavam saias. Essa conclusão óbvia me bastava. O problema que me atormentava era outro: como saber o sexo dos bichos, que nem usam calças nem usam saias? A única exceção eram os galos e as galinhas, nos quais a diferença sexual está na cara dos galos: os galos têm uma crista vermelha na cabeça e cantam. Se não tem crista vermelha nem canta, é galinha.

E, por falar em crista de galo, lembro-me de que Leonardo da Vinci, no seu livro de culinária, ensina uma receita de cristas de galo assadas, prato muito apreciado na época. Há, entretanto, uma pendência que me deixa angustiado: as cristas eram cortadas dos galos enquanto vivos? Ficavam eles, depois da cruel castração de sua masculinidade, a perambular, humilhados, por entre as galinhas, que certamente se riam deles?

Mas os outros bichos que nem usavam calças e saias nem tinham crista na cabeça, gatos, cachorros, cavalos, bois e vacas, me causavam perplexidade. Estávamos meu pai, minha mãe e eu conversando, numa tarde, quando achei apropriado esclarecer essa questão. Eu deveria ter quatro anos de idade. "Pai, como é que a gente sabe quando é boi e quando é vaca?" Minha mãe convulsionou e soltou um grito fino. "Diano, não! Diano, não!" Foi o que ela disse. Me lembro bem. Não me lembro de outro grito igual. Meu pai deu uma risadinha sem graça e disse: "É fácil. Os bois têm argolinha no chifre". Se você não entendeu a explicação do meu pai, digo que eu entendi e passo a explicá-la. Os bois, touros que se tornaram obedientes pela castração, eram usados para puxar carros de bois. Quem dava as ordens era o carreiro, que caminhava a pé ao lado do carro com o seu ferrão dotado de um guizo cuja música os bois entendiam muito bem, treinados que tinham sido com técnicas pavlovianas: o simples soar do guizo dizia que lá vinha ferroada. E antes que ela viesse, eles obedeciam. Andando ao lado dos bois, havia sempre o perigo de que um deles, provocado por alguma varejeira no focinho, meneasse a cabeça para o lado, atingindo o carreiro com um chifre. Para evitar que isso acontecesse, aparafusavam-se argolinhas na ponta dos chifres dos bois e amarravam-se a argolinha do chifre direito do boi da esquerda à argolinha do chifre esquerdo do boi da direita com uma tira de couro. Assim, as cabeças dos bois ficavam impedidas de golpes bruscos que pudessem ferir o carreiro.

Aceitei a explicação do meu pai sem acreditar muito, porque o grito de minha mãe me informou que eu estava andando em terreno proibido. Agora, muitos anos transcorridos após o acontecido, meditando psicanaliticamente sobre esse trauma infantil, veio-me a idéia de que o grito de minha mãe era uma reação ante a possibilidade iminente de que o meu pai a despisse na minha frente. Porque se ele dissesse a verdade e me revelasse o segredo da diferença entre bois e vacas eu poderia, por analogia, chegar a conclusões sobre a diferença entre homens e mulheres, e isso era como expô-la nua aos meus olhos.

O passo seguinte na minha educação sexual teve a ver com galos e galinhas. Intrigava-me o costume estranho que tinham os galos de correr atrás das galinhas, que fugiam cacarejando esbaforidas até alcançá-las. A seguir subiam nas suas costas num equilíbrio instável, agarrando-se às suas cristas para não cair e baixavam o rabo, ritual que não durava mais que cinco segundos. Dirigi-me novamente ao meu pai. Sabia que seria inútil fazer pergunta tão complicada à minha mãe. Perguntei-lhe das razões por que os galos faziam aquilo. Ele me respondeu que se tratava de uma ação punitiva do galo por alguma coisa errada que a galinha tivesse feito. Fiquei indignado. Revelou-se, então, uma vocação que haveria de me acompanhar pelo resto da minha vida: estou sempre pronto a defender os fracos, tal qual dom Quixote de la Mancha. Ele, lançando-se de lança em riste contra os moinhos de vento. Eu, atacando os galos a pedradas e vassouradas para que eles soubessem que, enquanto eu estivesse por perto, não permitiria aquele seu ato machista e covarde. O fato é que, a partir daquele dia, não dei descanso aos galos.

A lição seguinte ocorreu alguns anos depois. Caminhava com a minha mãe por uma das ruas centrais da cidade de Varginha, de um jeito que eu detestava: ela me segurava firme pelo pulso, sem me dar chance de me libertar. Como as mãos dizem coisas diferentes! A mão grande que segura a mão pequena. Como se dissesse: "Estou aqui. Pode confiar em mim. Você pode abrir a sua mão quando quiser". É uma mão que segura com ternura. Já a mão grande que segura a criança pelo pulso está dizendo: "Você não tem escolha. Pode abrir a sua mão à vontade. Você continuará preso pela minha...".

De repente eu vi uma coisa monstruosa que nunca tinha visto, uma aberração, doença terrível, pobre daquela mulher, com uma barriga imensa da qual se envergonhava, tanto assim que tentava escondê-la debaixo de uma blusa que mais se parecia com uma saia de tão grande. "Mãe, olha só o barrigão daquela mulher...". Não cheguei a terminar a frase. Minha mãe apertou o meu pulso com raiva e sem dizer uma única palavra deu-me um safanão. Não entendi nada. Mas aprendi que não deveria jamais falar sobre mulheres barrigudas. Nunca mais falei.

O fato era que não se falava sobre mulheres grávidas. Dizer que uma mulher estava grávida era uma obscenidade, uma grosseria. As mulheres não ficavam grávidas. Ficavam em "estado interessante". Tenho uma curiosidade imensa acerca do nascedouro das palavras. Nascem para dizer o quê? Sei que é para dizer uma coisa nova para a qual uma palavra não existia. Qual foi o momento em que a palavra foi dita pela primeira vez? Por que razões ela passou a ser dita por outros e não morreu? Há também o inverso: quais a razões por que certas palavras são proibidas de serem faladas? "Mulher grávida": coisa normal, natural, que aponta para o milagre de uma vida em gestação. Foi proibida: grosseria obscena pra nunca ser dita. Alguém arranjou um substituto bobo que podia ser dito com uma pitada de discrição: "estado interessante". Mas "mulher grávida" e "mulher em estado interessante" não são a mesma coisa?

Acho que a palavra "grávida" trazia associações ao ato ridículo que se encontrava nas suas origens. Imaginar aquela "excelentíssima esposa", de pernas abertas, sendo cavalgada pelo seu "excelentíssimo marido", de traseiro nu para cima, era realmente ridículo. E mulher não paria. Ficava doente. Quando a parteira era chamada dizia-se: "Dona Leonina adoeceu". Esse era o jeito educado de falar.

O fato era que o imaginário popular, moldado pela Igreja, fazia separação entre mulher e mãe. Mulher é fêmea, gosta de homem, gosta de beijo, gosta que homem entre nela. Pecadora. Maria Madalena era pecadora. Mãe, ao contrário, não tem sexo. Não deseja homem. Submete-se ao sacrifício pelo dever a que os laços conjugais sacramentais a obrigam a fim de realizar o propósito divino de povoar o mundo completando, assim, o número das almas que irão para os céus e das almas que irão para o inferno. É muito perigoso gerar um filho: nunca se sabe o destino eterno que lhe está reservado.

Maria, a mãe de Jesus, nunca foi mulher. Nasceu sem que seus pais transassem. Imaculada conceição. E ela mesma nunca transou. Nunca perdeu a virgindade, nem mesmo depois do parto que não foi parto. "Não era mulher", disse Alberto Caeiro. "Era uma mala em que ele [Jesus] tinha vindo do céu..." As mulheres devem imitar Maria: abandonar a feminilidade pecadora para se dedicarem à maternidade salvadora. Mães puras são assexuadas. Elas, as grávidas, não eram puras como Maria. O objetivo das batas era esconder a vergonha, dissimular o opróbrio. Elas sabiam que, nas barbearias, os homens olhariam para elas e as imaginariam de pernas abertas no ato ridículo, esquecidos de que a mãe deles também havia aberto as pernas. O silêncio era tanto que acontecia mesmo de moças irem para o casamento sem saber o que teriam de fazer na cama. Lembro-me de um caso em que uma moça, criada num convento de freiras, já ao final da festa de casamento, preparando-se para partir em viagem de núpcias, e nada sabendo sobre sexo, foi chamada em particular por uma empregada negra que lhe revelou os espantos e horrores que a aguardavam.

Mulher honesta não gozava. Quem gozava e fazia os homens gozar eram as "raparigas" sem-vergonha que viviam na zona.

Com a esposa pura todo respeito era pouco. Foi por isso que minha mãe gritou. Ela tinha vergonha de sua condição de mulher. E fiquei na ignorância até que o segredo me foi revelado por uma menina, no primeiro ano de grupo. Isso eu conto depois.

OS RATOS E OS QUEIJOS

Nas Minas Gerais dos tempos dos meus pais e avós, os partidos políticos não eram conhecidos por ideologias e programas. Partidos eram como times de futebol, cada um com a sua torcida. Ninguém torce por um time por razões de inteligência. Torce porque torce, sem razões. Em Boa Esperança, os dois partidos eram os Ratos e os Queijos. Em Lavras, os dois partidos eram os Gaviões e as Rolinhas... As coisas eram mais claras. A essência da política é um comer o outro.

MARILU

Ai, Marilu, aquele sorriso vermelho de batom, olhar lânguido, colar de pérolas, cabelo *à la garçonne*, seios opulentos, espremidos pra cima, querendo saltar pelo decote da blusa, mostrando o estreito vale de carne macia que levava aos picos do de-leite; bem disse o pensador francês que erótico é o pedacinho de carne que aparece no decote, porque não mostra mas sugere, no mundo das sugestões tudo é possível, era ver pra ter vontade de enfiar o dedo, não se sabe quantos homens sonharam entrar naquele vale espremido de delícias, os homens, os adolescentes, os velhos, todos ficavam doidos, pensavam indecências, viravam a cabeça quando ela passava, muito certa a expressão que diz "está com a cabeça virada", mas ela era mulher honesta, casada com médico recém-mudado para a cidade. Mais imaginosos e práticos que os homens foram os adolescentes, que realizaram seus sonhos pelo poder da poesia. As metonímias, ah, as metonímias... Acontecia que dona Marilu e seu grave marido, em vez do café da tarde, pão de queijo, biscoito, bolo de fubá, chupavam laranjas, muitas laranjas, bom para os rins, diurético. Como não havia coleta de lixo, as chupas de laranja eram jogadas no terreno vazio ao lado, cheio de árvores, procedimento ecologicamente correto, sem que nem o doutor nem dona Marilu, sua mulher, pudessem imaginar a poesia que mora numa chupa de laranja; bem disse o Manoel de Barros que "tudo o que se pode medir com cuspe em distância é matéria para poesia". Só que, no presente caso, não era a distância do cuspe, era a distância de outra coisa... Diferentes de todas as demais, que eram bagaço nojento, babujadas, aquelas chupas haviam sido chupadas por dona Marilu, tinham um pouco da sua boca, um pouco da sua saliva, não se via, mas estava lá, e a meninada pulava o muro e ia fazer amor com as chupas de laranja chupadas por dona Marilu, sem pensar que entre elas poderia haver fios do bigode do marido dela, e as chupas de laranja, pela magia das metonímias, se transformavam em partes do corpo da dona Marilu, boca, seios, umbigo, o perfumado jardim secreto escondido entre as pernas, e já os jovens corpos eram possuídos pelo frenesi do amor e não se pode fazer conta de quantos milhões de espermatozóides foram ali heideggerianamente "lançados" neste mundo...

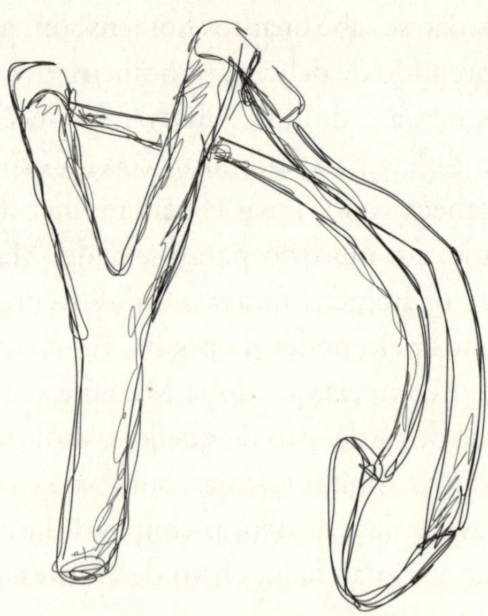

O CINEMA

Meu pai fez construir um cinema. O cinema deu nova vida à cidade. As noites que anteriormente eram animadas por visitas passaram a ter novo fascínio. A felicidade começava durante o dia, quando um bando de meninos saía pelas ruas carregando cartazes anunciando em altos brados o filme que seria visto. Esse seu serviço lhes valia assistir ao filme sem ter de pagar o ingresso. Depois era o suspense da chegada do filme, vindo de Três Pontas, na jardineira. E como a jardineira chegava poucos minutos antes do início da sessão, ficava uma pessoa de guarda na rua Direita, defronte ao cinema, olhando para o alto da cidade, que era onde a jardineira aparecia. Era só ela aparecer para que se anunciasse ao público: "Está chegando, está chegando...". Os filmes vinham em rolos de celulóide, à semelhança daqueles do filme *Cine Paradiso*. Com uma diferença: o cinema era mudo, viam-se as imagens, mas não havia som. O que os atores estavam dizendo aparecia em quadros que se intercalavam com as cenas. Se, por acaso, uma personalidade importante chegasse após o início do filme, como era o caso do capitão Nenê, interrompia-se a exibição, enrolava-se o filme, e tudo começava do início. Relata-se que houve o caso de um valente que, assistindo a um filme pela primeira vez, angustiou-se com uma cena em que a mocinha estava em perigo. Ele não teve dúvidas. Avançou sobre a tela para salvá-la, o que lhe valeu um galo na cabeça e muita caçoada. Isso não é de se estranhar. Quando fui assistir a um filme pela primeira vez, em Varginha, terminado o espetáculo, fiquei olhando para as portas que havia ao lado da tela, esperando que os artistas aparecessem. O filme *O piano* mostra uma cena semelhante. Não se tratava de cinema, mas de um teatrinho de lençol, velas e sombras. Um espectador ficou horrorizado quando viu a sombra de um malfeitor atravessar a sombra do peito de uma pessoa com uma espada, o que, no teatro de sombras, se faz de maneira simples, fazendo-se passar a espada pelo sovaco da pessoa a ser assassinada. Pois ele avançou sobre o lençol, pondo fim ao teatrinho... O filme mais amado, que mais emoção provocava, era a *Vida de Cristo*, que se exibia na Semana Santa, para a edificação dos fiéis. Os filmes, sendo mudos, tinham de ser explicados em alta voz por alguém que já conhecia o enredo. Era o caso do italiano que, no cinema do meu pai, explicava o filme da paixão. "Aquele caricuta é San Pietro", ele gritava. Mas o furor romântico era provocado por Rodolpho Valentino, paixão de todas as mulheres. Os beijos nos filmes mudos, na década de 1920, eram mais emocionantes. Notem, eu disse emocionantes, não disse excitantes. E isso porque o beijo requeria dos dois parceiros um conhecimento de artes marciais, em especial do judô. Era assim: o homem e a mulher estão juntos, de pé, um diante do outro. Aí o homem avança a sua perna direita pelo lado direito da mulher, até ultrapassá-la. Em seguida, usando seus quadris como ponto de apoio de uma alavanca interfixa, aplica-os firmemente à parte exterior do quadril direito da mulher. Ato contínuo, usando o braço direito, abraça a costela esquerda da mulher, exercendo pressão sobre ela, ao mesmo tempo que executa um movimento rotativo de tronco no sentido da sua esquerda, provocando o desequilíbrio da mulher num movimento de gangorra, sobre o apoio do quadril. Desequilibrada, a mulher começa um movimento de queda para a sua direita, movimento esse que tem de ser interrompido pelo braço esquerdo do homem. Esse movimento provoca um desvio do centro de gravidade do sistema de forças que, se não for compensado, vai provocar a queda dos dois. Sabendo disso, o homem faz avançar rapidamente a sua perna esquerda, restabelecendo-se, assim, o equilíbrio do sistema. Nesse momento, a mulher está na horizontal, apoiada na coxa esquerda do homem que segura sua cabeça também com a mão esquerda. Foram assim executados os movimentos marciais preliminares necessários para se atingir a posição do beijo. O homem, de cabelo empastado com brilhantina, dá um beijo rápido, sem língua, na boca da mulher que, a seguir, desfalece de emoção. Disse que os beijos eram mais emocionantes. E isso porque a atenção dos espectadores ficava toda concentrada no espetáculo de judô, alavancas, pontos de apoio, equilíbrios, desequilíbrios, centro de gravidade, aflitos ante a possibilidade de que os dois caíssem no chão. Mas se isso acontecesse o beijo deixaria de ser emocionante e passaria a ser excitante. Porque beijar no chão é outra coisa... Imagino que os homens românticos de Boa Esperança, ao chegar em casa, tentassem repetir com a esposa os beijos do Rodolpho Valentino. Mas duvido que tenham tido sucesso. O mais provável é que os casais terminassem no chão.

Posteriormente veio o progresso, e os filmes mudos passaram a ser acompanhados por um disco no gramofone com as falas e ruídos adequados. Mas, como era um o que rodava a manivela do projetor dando assim a velocidade do filme e outro o que dava corda no gramofone, frequentemente aconteciam descompassos. As falas aconteciam depois de o artista ter falado...

OS ARTISTAS DA CAPITAL

O casalzinho visitante desceu da jardineira que vinha de Três Pontas. O jeito e as roupas indicavam que os dois eram de cidade grande, não eram de cidade vizinha. Perguntaram por um hotel ou pensão em que se hospedar. Explicaram que eram artistas e que estavam à procura de um teatro onde pudessem mostrar sua arte. Ao que tudo indica os hotéis que o *Almanak* mencionava não haviam prosperado, possivelmente por falta de hóspedes. Não havia. Ficaram lá os dois como almas perdidas, sem saber o que fazer. Como o meu pai era um dos homens mais importantes da cidade, dono do cinema, o jeito foi os dois se hospedarem na casa do Diano. Queriam dar um espetáculo de arte. Alugaram o cinema. Cidadezinha pequena, os homens entusiasmados com a loura, as mulheres com raiva da loura e raiva dos maridos de cabeça virada, era de todo improvável que alguém gastasse dinheiro com o espetáculo. O Diano imaginou os dois diante do auditório vazio. Ficou com dó. E tomou uma decisão de homem rico que pode jogar dinheiro fora: comprou de si mesmo a lotação total do teatro e distribuiu os bilhetes gratuitamente pela cidade. O teatro encheu. O espetáculo foi um sucesso. O casalzinho de artistas ficou encantado. Deixaram

Dores felizes, carteira cheia. Nunca suspeitaram do que havia ocorrido. O nome do homem eu não sei. Mas o nome da mulher era Dercy Gonçalves. Até hoje ela não sabe. Eu sei porque quem me contou foi o Diano, meu pai.

AMOR SEM FIM

Foi um amor sem fim. Namoraram, ficaram noivos. Às tardes, ele ia fielmente à casa dela. Assentavam-se nas cadeiras de vime colocadas na calçada e conversavam. Faziam planos para o futuro como fazem todos os noivos. Enquanto isso, ela bordava o enxoval. O tempo passou. A canastra do enxoval ficou cheia. E assim continuaram, fazendo planos para o futuro e cuidando do enxoval, até que ficaram velhinhos. Aí, deixaram de fazer planos para o futuro e passaram a confidenciar memórias do passado. Nunca brigaram. Nunca pensaram em se separar. Foram felizes até que a morte os separou.

A MAÇÃ

De repente abriu-se uma gaveta da minha memória e dentro dela havia uma maçã. Em Dores, não cresciam maçãs. Havia mangas, jabuticabas, bananas, laranjas, mexericas, pitangas. E também os marolos, frutas grosseiras dos cerrados, de cheiro forte, com que se faziam licores. Véspera de Natal. Meu pai estava viajando. Voltaria a tempo? Voltou. Trouxe-me presentes. Não me lembro de nenhum deles. Mas me lembro da maçã, embrulhada em papel de seda amarelo. Naquele tempo, em Dores, uma maçã era uma fruta encantada, que crescia muito longe, em outros países. Atravessara mares para chegar até as minhas mãos. Eu era o único menino em Dores a ter uma maçã. Se eu comesse a maçã deixaria de ser o menino que tinha uma maçã. Eu ficaria igual a todos os meninos que haviam ganhado bolas e caminhõezinhos. Por isso eu não a mordia. Não queria machucá-la para que ela continuasse minha. Segurava-a. Olhava para ela. Polia-a, para que ficasse mais brilhante. Comi a maçã com tristeza. Aquela maçã não era para ser comida. Era para ser contada.

A PHARMÁCIA E OS REMÉDIOS

Nos seus devaneios sobre a infância, Bachelard se reencontra com remédios que se tornaram obsoletos, remédios que tinham nomes poderosos, nomes que faziam parte de suas potências curativas. Bastava ouvir o nome para se sentir meio curado. A leitura de Bachelard me levou de volta aos remédios antigos... Lembrei-me da Emulsão Scott. Quem teria sido esse senhor Scott? O rótulo da garrafa dizia que o senhor Scott era um homem que conhecia os segredos curativos dos peixes. Lá está a figura de um homem carregando às suas costas um peixe enorme, do seu tamanho, um bacalhau. Quem toma Emulsão Scott ganha a saúde dos peixes. Fiquei com tanta saudade que fui à farmácia e comprei um vidro, pois a emulsão ainda sobrevive para atender à saudade dos velhos. Em casa, abri o vidro e oh! desapontamento. Seu maravilhoso cheiro horrível original havia sido substituído por um cheiro infantil adocicado de morangos! Mas que têm os morangos, delicadas frutinhas da horta, a ver com os mares profundos onde nadam os bacalhaus? Voltei à farmácia. Felizmente ainda há os originais. Vejo-me menino, é o mês de julho, mês do frio, mês de tomar Emulsão Scott. Minha mãe chega com uma colher cheia do líquido pastoso branco de gosto e cheiro horríveis em uma mão, e a metade de uma laranja na outra. A laranja é para consertar o gosto e o cheiro...

Resolvi fazer uma pesquisa. Fui à Farmácia Carcajon, minha vizinha, à procura dos remédios velhos. Os atendentes, meus amigos, me ajudaram na pesquisa. Rum Creosotado. Rum Creosotado é poesia. "Veja, ilustre passageiro, o belo tipo faceiro que o senhor tem ao seu lado. E no entretanto acredite: quase morreu de bronquite. Salvou-o o Rum Creosotado". A poesia torna eternas as lembranças... Essas rimas se encontravam em todo bonde. Para passar o tempo enquanto viajava, a gente ia lendo e decorando. Os bondes não mais existem, as rimas não mais se lêem. Limonada purgativa. Ah! Coisa terrível. Aplicada a quem estava com dor de barriga, produzia uma limpeza apocalíptica no intestino. Muitos apêndices inflamados supuraram por causa da limonada! Nenhuma mulher podia prescindir do Regulador Xavier, números 1 e 2. De novo, o nome: Xavier. Os cientistas, inventores dos remédios, tratavam de perpetuar os seus nomes nos vidros das poções mágicas que inventavam. Mágicas? Isso mesmo! Até se usava a expressão: "Um santo remédio!". Naqueles tempos, os remédios tinham qualidades teológicas, pertenciam ao mundo dos mistérios sagrados. É o caso da palavra "elixir". A etimologia muito me tem revelado sobre a arqueologia das palavras, o que significavam quando do seu nascimento. Na minha cabeça a palavra "elixir" me transporta para o mundo das estórias de encantamento. Elixir *d'amore*! Emulsão não se aplicaria. Emulsão de amor não soa bem. Por quê? Não sei. A poesia tem razões que a prosa desconhece. O *Dicionário Webster*, meu amigo fiel, me informou que a palavra elixir vem do árabe *el iksir*, que significa "pedra filosofal". Na alquimia, os elixires eram líquidos que tinham o poder de transformar metais baratos em ouro. E tinham o poder de prolongar a vida indefinidamente...

Elixir Dória. Para quem comeu demais. Umas gotas pretas, amargas. Na figura da propaganda, um homem de boca aberta, da qual saía a cabeça de um boi, com chifre e tudo. O Elixir Dória digeria até cabeça de boi... Eu ainda faço uso de um elixir, o Elixir Paregórico. Potentíssimo. Ação rápida. Contra cólicas. Sempre carrego um vidrinho em minhas andanças. Outro elixir era o Elixir de Inhame Goulart. Quem diria que dos inhames se podem extrair maravilhas curativas? E, por falar nisso, tinha um remédio com o nome de Maravilha Curativa. Quem seria capaz de resistir ao poder do nome? Não sei o que curava, mas que curava, curava... E o Phimatosan, para tosse? E as pílulas de vida do Dr. Ross, redondinhas, branquinhas, do tamanho de um caroço de uva? Dizia a propaganda: "Pequeninas mas resolvem". Resolvem o quê? Constipação intestinal, prisão de ventre. Havia os novatos que não acreditavam, as pílulas eram muito pequenas, e resolviam tomar logo cinco de uma vez. Ah! Pobres coitados, condenados a passar uma noite inteira sem dormir, correndo entre a cama e a privada... O Biotônico Fontoura. O nome está dizendo: bio = vida + tônico = que fortalece. Remédio que dá vida. Ficou famoso com a estória do Jeca Tatuzinho, que era um pobre caboclo que morava numa casinha coberta de sapé. Tomou o Biotônico, ficou forte, derrubou mato, ficou valente, deu murro em onça, ficou rico, os porcos e galinhas da sua fazenda todos usavam sapatos, para não terem verminose, fumou charuto. Naqueles tempos, o símbolo da riqueza não era ter BMW, era fumar charuto. Era comum se encontrar nas lojas e vendas um quadro com duas metades. Na primeira metade, um magricela, esfarrapado, assentado no chão de um quarto vazio, cheio de teias de aranhas e ratos, com os dizeres: "*Eu vendi fiado*". Na outra metade, um homem gordo, papada redonda, assentado numa poltrona, numa loja rica, com burra aberta cheia de dinheiro, fumando um charuto, com os dizeres: "*Eu vendi a dinheiro*". Os tempos mudaram. Hoje só fica rico quem vende fiado. Prova disso são os cartões de crédito. Acho que vai chegar um tempo em que o dinheiro vai desaparecer. O dedo "pai-de-todos", importante por seu uso na produção do prazer, vai então perder suas funções eróticas: não mais terá notas para contar... E tinha o Xarope de Limão Bravo, Xarope São João, Salicilato de Bismuto, pílulas de Lussen, pílulas de Erva de Bicho, Violeta de Genciana. Compare esses nomes potentes com os nomes dos remédios de agora: Garasone, Lognox, Deiclogenon, Cetroloc, Flixotide, Vioxx (com dois "x" mesmo...), Celebra, Clo, Efexor XR, Clob-X, Buscopan, Amaril. Acho que outros nomes, mais poéticos, mais fantasiosos, teriam mais efeito...

TIO JOÃO GORDO

A madrugada estava justo acabando, mas eu já estava de pé, pronto, de café tomado, à espera. A ansiedade era demais. Tio João Gordo, um homem muito magro, de fala mansa, meio rouca, ia me levar à fazenda. Chegou ele a cavalo, puxando um outro, que seria o meu. Cheiro bom de cavalo, mistura de suor, couro de arreio e o cheiro próprio dos cavalos. Todo bicho tem cheiro próprio, até os humanos. Mas cheiro próprio de cavalo é melhor que cheiro próprio de humano, como afirmou com justiça um presidente da República. E lá fomos os dois, o tio João Gordo nos seus 60 anos, e eu nos meus 7. Friozinho, o ar esbranquiçado de neblina, ninguém na rua, a cidade ainda não havia despertado para fora, estava despertando para dentro, e prova disso eram a chaminés dos fogões de lenha soltando fumaça, sinal de que estavam acesos e de que o café estava sendo coado. Só o barulho das ferraduras batendo pontudas nas pedras e algum canto de galo, a gente não falava, acho que para não perturbar o silêncio, aí o bater pontudo das ferraduras ficou macio, surdo, tínhamos saído da cidade, estávamos na estrada de terra. De cima do morro se via a várzea esbranquiçada de neblina lá embaixo. Aí o tio João Gordo fez um sinal, apontou para a direita, uma trilha no meio do pasto, embicou o cavalo e eu fui seguindo. O silêncio tinha o perfume de capim gordura e a música da água de um riachinho que nem se via, coberto que estava pelo capim, só se adivinhava que ele existia por causa do barulho da água, os grilos arranhavam seus últimos cantos antes que chegasse a sua noite com o nascer do sol, uma garça planou, os cavalos saltaram o riozinho, foi um susto, eu não estava esperando o pulo, quase caí, mas não caí, e lá fomos nós até que a neblina nos cobriu. E quem olhasse do alto do morro não adivinharia que invisíveis no branco da neblina iam um homem sem surpresas, curtido pelos pastos e cavalos, e um menino que não sabia nada e estava encantado com a beleza do mundo...

FUBINA

"Levante um só dedo e estará salvo!", dizia o reverendo Davis ao Fubina deitado na cama, já sem consciência de coisa alguma. O momento era grave. A eternidade estava em jogo. Os circunstantes acompanhavam a batalha entre Deus e o Diabo. "Levante um só dedo e estará salvo!", repetia o reverendo Davis. Mas o dedo do Fubina não se levantava. Quem diria que de um levantamento de dedo dependia o futuro eterno da alma do Fubina! Se levantasse o dedo, sua alma iria para as delícias do Céu. Se não levantasse o dedo, sua alma iria para os horrores do Inferno.

O reverendo Davis era um missionário dos Estados Unidos, de rudes origens rurais. Aprendera na sua congregação as verdades espirituais necessárias à salvação das almas. Sabia que os católicos iriam para o Inferno por serem idólatras. Ficou sabendo que havia milhões de pessoas que iriam para o Inferno se alguma coisa não fosse feita para salvá-las da idolatria do catolicismo. Então, de repente, Deus o chamou... Foi enquanto ele lia o livro de Jonas, no Antigo Testamento. Jonas, um pacato cidadão que cuidava da sua vida, foi chamado por Deus, que lhe ordenou largar tudo e ir para Nínive, a grande cidade, para pregar contra os seus pecados. Se a cidade não se arrependesse, Deus a destruiria!

Jonas não gostou da idéia e fugiu na direção contrária: tomou um navio que ia para Társis. O resto todo mundo sabe. Deus mandou uma tempestade sobre o mar que ameaçava afundar o navio. Descobriram que Jonas era o culpado daquela situação e, sem dó nem piedade, lançaram-no ao mar, sobrevindo imediatamente a bonança. Mas Deus havia posto um peixe à espera. De boca aberta, engoliu Jonas sem lhe fazer mal algum. E, no ventre do peixe, Jonas chegou mesmo a fazer literatura. O reverendo Davis não queria que coisa parecida acontecesse com ele e tratou de ir na direção que Deus apontava, o Brasil e seu povo idólatra. Era o santo guerreiro contra o dragão da maldade. Por caminhos vários chegou a Dores, onde pregava monótonos sermões num pequeno salão. Ninguém prestava muita atenção nos sermões, nem era possível, mas os hinos eram bonitos. Minha mãe, de vez em quando, acompanhava os hinos ao harmônio. O Fubina era um homem comum, nem santo nem pecador, pecava somente os pequenos pecados que tornam a vida menos monótona, como, de vez em quando, jogar na loteria ou beber uma cerveja sem que ninguém o visse. Não, o Fubina não merecia o Inferno eterno de forma alguma. Mas faltava-lhe uma coisa: ainda não havia publicamente confessado que aceitava Cristo como seu salvador. Por isso, ele estava excluído da eucaristia. O reverendo Davis advertia o Fubina com seu sotaque americano: "O senhor está procrastinando...". Como o Fubina não soubesse o que era "procrastinar", as palavras do reverendo entravam por um ouvido e saíam pelo outro. Tudo menos se comprometer. Mas tempo vai, tempo vem, o Fubina teve um derrame e perdeu a consciência das coisas. O momento decisivo se aproximava. Os católicos são mais felizes que os protestantes. Eles têm um jeito de fazer depósitos de méritos na conta de uma pessoa mesmo depois de sua morte. No Purgatório estão as almas em liberdade condicional. Missas e rezas são créditos que se somam à contabilidade espiritual falida daquelas almas. Quando os débitos se equilibram com os créditos, então a alma sai de sua liberdade condicional e vai para a bem-aventurança eterna. Mas o Deus protestante não aceita pagamentos a prazo. Com a morte vem a execução imediata da dívida, e a alma vai eternamente para o fogo do Inferno. Essa era a agonia do reverendo Davis. A alma do Fubina estava em perigo. Ele chegou mesmo a amenizar a exigência de confissão pública da fé. Bastava que o Fubina mexesse um dedo, uma única vez. O dedo do Fubina não mexeu. O reverendo Davis perdeu a batalha. O Diabo ganhou. Fora ele, o Diabo, que segurara o dedo do Fubina para que não levantasse. Pobre Fubina... Se o seu dedo tivesse se mexido, ele passaria a eternidade no Céu ouvindo coros de anjos a cantar hinos. Mas o seu dedo não se mexeu. Passará toda a eternidade no Inferno a ouvir os sádicos demônios a repetir, em coro, a voz esganiçada da sua mulher a lhe dar ordens... Quem diria que o destino eterno de uma alma pode depender de uma ereção de dedo!

MATANDO PORCO

Era uma tarde fresca. Estávamos assentados à sombra de um flamboyant na casa do meu primo Tatão, lá em Boa Esperança, jogando conversa fora. Gozado, pela primeira vez essa expressão "jogar conversa fora" chamou a minha atenção. Joga-se fora aquilo que não é para ser guardado. Não se diz "jogar conversa fora" de conversas de negócios entre executivos. Nas conversas de executivos, nada é para ser jogado fora. Cada palavra vale dinheiro. Jogar conversa fora é uma brincadeira parecida com soprar bolhas de sabão. As bolhas de sabão são de curta duração. Vão-se umas, sopram-se outras. Quando jogamos conversa fora, voltamos a ser crianças: sopramos bolhas com palavras, bolhas que serão logo esquecidas. Pois é. Lá estávamos nós quando, de repente, comecei a sentir um cheiro que me levou para dias da minha infância. A imagem que aquele cheiro me trouxe era tão doida que eu não disse nada. Achei que iriam se rir de mim. Foi quando uma das filhas do Tatão interrompeu a conversa e disse com aquela música pachorrenta do falar mineiro: "Uai, gente, que cheiro de quando estão matando porco". Ah! Era isso mesmo que estava na minha cabeça. De alguma forma aquele cheiro me levou de volta a uma cena que estava enterrada na minha memória. Os cheiros têm estranhos poderes evocativos. Quando se mata porco, há um cheiro característico: da lenha, do porco morto sendo chamuscado no fogo, do couro do bicho sendo amolecido pela água fervente.

PITIU

José Estanislau de Castro Vinhas, esse era o seu nome. Seu magnífico sobrenome já se encontrava nos almanaques que citei, prova de que ele era dorense de muitas gerações. Mas ninguém o conhecia pelo nome. Ele era o Pitiu. Rosto de profeta, longa barba grisalha, chapéu, gravata, paletó de três botões, todos abotoados, botas, esporas e um guarda-chuva. Aparecia montado na sua égua de cheiro bom. Era de casa. Chegava na casa da tia América – ah! Como eu gostaria que a tia América tivesse sido minha avó! Ela era mansa e gostava de crianças! Sua insuperável habilidade culinária eram os pastéis. Quando ela fazia pastéis, bacias cheias, a notícia corria rápida entre os primos: "Tia Merca ta dano pastel!". O Pitiu chegava, não batia à porta, puxava o barbante e entrava pela casa. De verdade, ele era um da casa.

Você não entendeu o barbante que se puxava? Explico. Não se tinha medo. Todo mundo era bem-vindo. As casas estavam abertas a quem quisesse. Em algumas, a confiança era tanta que para facilitar as coisas amarrava-se um barbante no trinco da fechadura, no lado de dentro, que era passado por um orifício na porta e ficava pendente do lado de fora. Não era preciso bater. Era só puxar o barbante e entrar gritando "Ô de casa! Ô de casa!".

Havia um ar de mistério em torno do Pitiu. Morava sozinho na fazenda que herdara dos antepassados. Os detalhes da sua vida cotidiana eram ignorados. Relatava-se que uma vez foi visto de noite, assentado no pasto, encostado num cupim, lendo um jornal que iluminava com uma vela. Pode ser verdade, pode não ser. O povo inventa muito.

Mas algo aconteceu que rompeu a placidez e a monotonia da vida do Pitiu. Os viajantes que chegavam de jardineira traziam notícias assombrosas. A revolução estava em marcha. Tinha até aviões jogando bombas nas cidades. Os paulistas, armados até os dentes, se aproximavam com toda a sua malvadeza e braveza. Não se sabia aquilo de que seriam capazes! O medo tomou conta da cidade. Muita gente se preparou para fugir para os matos. Foi então que dentro daquele homem pacato, o Pitiu, despertou um general adormecido. Dirigiu-se ao posto telefônico e, sem pedir licença e sem pedir que a telefonista fizesse uma ligação, agarrou o telefone e começou a berrar ordens: "Aqui é José Estanislau de Castro Vinhas. Dinamitem as pontes. Repito: dinamitem as pontes. É uma ordem". E desligou o telefone, ante os olhos espantados da telefonista. Digam o que disserem, o fato é que funcionou: o Pitiu deu ordens a uma pessoa que não existia para que dinamitasse as pontes com uma dinamite que não existia e as tropas paulistas que não existiam foram impedidas de chegar a Boa Esperança. Passado esse episódio heróico, José Estanislau de Castro Vinhas voltou a ser o Pitiu que sempre fora. Não houve outras revoluções que exigissem a sua ação.

O PICOLÉ

Corria a notícia de que no Bar Danúbio, pelos poderes de uma máquina vinda da capital, a água mole estava sendo transformada em coisa dura. Dura e fria, que podia ser chupada, na ponta de um pauzinho, nos mais variados sabores e cores, tal como se chupa bala ou rapadura. O picolé, como era chamado, tornou-se assunto obrigatório de todas as rodas de homens e de comadres, e a sua descrição era levada pela boca de cavaleiros e andarilhos até os lugares mais distantes da serra, das vargens e das beiradas de rio. Seus relatos eram ouvidos com assombro pelos jovens, que gostavam de novidades; e com desconfiança pelos velhos, que imaginavam que aquilo não passava de uma troça e diziam que a água, por determinação de Deus Todo-Poderoso, estava destinada a ser mole para sempre. Se sucedido semelhante fosse verdade, só se fosse por obra do Coisa-Ruim, ou se o fim do mundo estivesse chegando, com a revirada geral das coisas. O próximo passo, argumentavam, seria a pedra virar água, e isto seria o dilúvio. Os portadores da novidade não se davam por vencidos, e exibiam, num gesto de triunfo, os pauzinhos que traziam guardados na algibeira.

"Pois aqui está a prova, pra ninguém duvidar. Este é o pauzinho do picolé, é nele que se segura. Tem de muitas cores, vermelho, amarelo, branco; com gosto de groselha, abacaxi e coco..."

O Bar Danúbio, que de costume só atraía uns poucos que ali iam para beber pinga e para conversa-fiada, de repente ficou que nem gruta onde aparece a Virgem. Vinha gente de todos os lugares, em romaria, para ver e chupar "o milagre". Até o vigário da paróquia ficou agradecido, porque a igreja ficou pequena para a quantidade de gente que vinha da roça para a santa missa, não por repentina devoção, mas porque depois da missa era a hora do picolé que se fabricava no Bar Danúbio.

Meu pai, digno herdeiro do espírito moderno da dona Sophia, numa de suas viagens à capital da república, Rio de Janeiro, terno de linho branco e chapéu panamá, calor de 40 graus, o suor escorrendo pelo rosto, assentou-se numa sorveteria na avenida Rio Branco, para chupar um picolé. Deu-se conta, de um estalo, que aquela delícia ainda não se encontrava em sua terra. Não pensou duas vezes. Saiu dali direto para a fábrica de máquinas de picolé e fechou negócio. E logo a cidadezinha ficou em polvorosa com a chegada da novidade. Quem não saía, saiu. Quem não sorria, sorriu...

Enganam-se aqueles que pensam que o Diano fizesse essas coisas por raciocínios comerciais. De jeito nenhum. A idéia de ganhar dinheiro não lhe passou nem uma vez pela cabeça enquanto negociava a máquina, no Rio de Janeiro. Ele não nascera para ficar rico. Enriquecera por acidente. A única coisa que queria era ver a alegria dos outros. No fundo, era uma criança que queria ser amada e, para isto, seria capaz de dar qualquer festa... Claro que a riqueza ajudava. E agora, vendo aquele mundaréu de gente que se comprimia diante da máquina de picolé, ele se sentia como um deus. Pois não será isto mesmo? Que Deus é uma criança que quer dar uma grande festa? Se houvesse eleição para prefeito, é certo que ele seria eleito. Mas nunca quis. Pra que ser prefeito, se do jeito como estava podia distribuir felicidade?

O vendedor não parava de distribuir picolés para os fregueses sorridentes. Todo mundo chupava picolé e ria. Menos um, que chupava picolé de cara triste. O Diano não aguentou. Não podia ver ninguém infeliz.

"Não está gostando?", perguntou.

"Tô!", respondeu o roceiro de embornal pendurado no ombro.

"Então, por que a cara triste?"

"Tô pensano na muié e nas criança. Ficaro em casa. Num pudero vi. Num vão chupá picolé. Teim dó deis..."

O Diano se comoveu com aquele pai e pensou que era hora de fazer mais gente feliz.

"O senhor mora longe?"

"Duas légua, na direção da serra..."

"Eu vou dar um jeito..."

O Diano, que não acreditava que coisa alguma fosse impossível, tomou as providências. Procurou uma caixinha de madeira, mandou buscar serragem na serraria, embrulhou em papel-manteiga uma dúzia de picolés de todas as cores, acondicionou tudo, fechou, amarrou e entregou o pacote para o roceiro espantado.

"Está aqui. Ajeita isto no embornal..."

"Quanto é que é?"

"Não é nada não..."

"Então, Deus lhe pague..."

E enquanto o roceiro descia a rua, montado em sua égua velha, o Diano sorria imaginando a festa, a mulher e a criançada chupando picolé.

"Marialva, Firmino, Toninho, Aninha..."

Fazia mais de duas horas que ele andava, apressando a cavalgadura, sol a pino, imaginando a alegria da família chupando picolé.

A casa nem bem aparecera e já o homem anunciava:

"Óia o que tô trazeno. Picolé pra todo mundo!"

Foi um alvoroço. A criançada correu. A mulher ficou espiando. Ele desmontou de um salto e notou que o embornal estava molhado, melado. Mas nem ligou. De que vale um embornal molhado quando se tem doze picolés dentro de uma caixa, coloridos e frios, à espera?

Pegou o canivete de cortar fumo, cortou o barbante, desembrulhou a caixa, abriu a tampa...

A CASA

Depois de velho visitei a casa onde nasci. Casa dos tempos de riqueza do meu pai. Estava como nova, pintada, cuidada, a mesma cara, a varanda, o jardinzinho ao lado da varanda com trepadeira, árvores no quintal que não poderiam ser as mesmas. Bati à porta, atendeu uma senhora de avental, a empregada. Expliquei. "Eu nasci nesta casa faz muito tempo, antes de você nascer, no dia 15 de setembro de 1933. Estou com saudade desta casa que não cheguei a conhecer. Saí dela antes de saber as coisas. Agora eu queria muito entrar nela, para vê-la pela primeira vez. Será que a patroa permitiria que eu a visitasse?" Ela se abriu num sorriso e pediu que esperasse e foi contar para a patroa sobre aquele visitante inesperado. Veio a patroa, uma senhora com cabelos brancos como os meus, com um sorriso. Eu a abracei e agradeci-lhe por haver cuidado tão bem da minha casa. Fez-me entrar. Observei tudo atentamente. Aquele espaço era muito velho, mais velho que eu. Imaginei meu pai e minha mãe ainda jovens, meus irmãos pequenos... Onde teria sido o lugar do piano Pleyel?

As casas novas são mais confortáveis que as antigas. Elas não têm nada a ser consertado: torneiras que pingam, pias entupidas, cupins, fechaduras enferrujadas, goteiras, madeiras que a água apodreceu... As casas novas não precisam de carinho. Estão lá para a função de serem habitadas. São escravas que não falam. Mudas. Não falam porque não têm estórias para contar. Dentro delas a gente só pensa em conveniências, conforto e modernidades. Frias. Ainda não foram impregnadas pelos cheiros humanos: o cheiro do suor, dos sabonetes, dos perfumes, do fumo, do fogão de lenha, da comida, do jasmim, do tempo.

Por razões religiosas, eu comecei a fumar cachimbo quando vivi nos Estados Unidos. Trouxe o prazer comigo. Fumava enquanto trabalhava. As espirais de fumaça têm um poder desrealizador que abre espaços para a fantasia. O perfume do cachimbo impregnou o meu escritório. Meu filho, já adulto, me confessou que, menino, quando eu viajava e ele ficava com saudades, entrava no meu escritório e ficava lá assentado, sozinho, sentindo o cheiro do meu cachimbo...

Agora me digam: que cheiro de casa nova tem o poder de curar saudade? As casas novas são desinfetadas, têm cheiro de pinho sol... Por isso elas são más educadoras – paralisam a imaginação. Não são assim as casas velhas. São como os velhos, têm alma, ficam doentes, pedem para ser cuidadas, estão misturadas com o corpo daqueles que viveram nelas.

Comovo-me com as casas abandonadas, à espera da demolição. Fico a imaginar o momento quando alguém disse: "Vou construir uma casa!". E se pôs a sonhar e a fazer planos. "Haveremos de ser muito felizes nessa casa", ele dizia para sua mulher. A construção de uma casa se faz sob a ilusão da eternidade. A ilusão é que, protegida pelas paredes, a vida fica protegida contra a corrosão do tempo. Mas aí o tempo passa, os filhos crescem, os pais ficam velhos, os filhos se casam, mudam para outras casas, a casa se esvazia e fica assombrada pelos fantasmas que moram na solidão. O jeito, então, é vendê-la. Com a casa vendida vão muitas ilusões. Fiquei a pensar nas ilusões do meu pai e de minha mãe. Passei então ao quarto onde nasci.

Naquela manhã a Mema reuniu os sobrinhos e os levou para passear, longe da casa. Eles não entenderiam o que estava para acontecer. Na verdade, eles não deveriam entender. Na casa o movimento era incomum, mulheres entrando e saindo de um quarto, água fervendo no fogão, o marido andando como um bobo de um lado para o outro. Até que se ouviu o choro de uma criança. O choro anunciava o nascimento. A parteira anunciou: "É um menino!". Minha mãe ficou desapontada. Já tinha três filhos homens. Tinha rezado muito para que na sua barriga estivesse uma menina. Toda mãe sonha com uma menina como companheira e enfermeira, para quando os dias forem maus. Quando a Mema voltou com os meninos, eles foram informados pelo pai que um irmãozinho havia chegado, sem explicar nem como nem de onde. Era o dia 15 de setembro de 1933. Assim foi: no desejo de minha mãe, eu deveria ter sido uma menina... Ela mesma me disse, muito tempo depois, carinhosamente. Aconteceu naquele quarto...

E, DE REPENTE...

E, de repente, tudo acabou. A Bolsa de Nova York quebrou. Meu pai, exportador de café, perdeu tudo. Não conseguiu fazer as transformações alquímicas por meio de palavras a que estava acostumado. Sua magia era fraca para tragédia tão grande.

Parte 2
A ROÇA

Não é trabalho do poeta contar as coisas
como aconteceram, mas como desejaríamos
que tivessem acontecido.

Garcia Bacca

A ROÇA

Sem casa onde morar, um cunhado lhe emprestou uma fazenda abandonada. Pau-a-pique e adobe, caiação branca já suja pelo tempo, janelas de madeira azuis que o abandono desbotara, rudes e largas tábuas no assoalho com buracos apodrecidos, teto de telha vã, os picumãs pendentes sobre o fogão, sem banheiro, as necessidades se faziam na "casinha" durante o dia e nos urinóis durante a noite, a bica d'água cristalina, os banhos de bacia, os "lava-pés" ao fim do dia, o cheiro de querosene das lamparinas à noite, os ratos correndo pelos caibros do telhado, o fogão de lenha, o cheiro de fumaça, o canto dos galos, a gritaria dos porcos na matança, os ninhos das galinhas, os entardeceres tristes, as galinhas esticando o pescoço e piando, avaliando o tamanho do vôo até o poleiro mais alto, o pio das aves noturnas, os barulhos estranhos na mata escura, ninguém se atrevia a sair, era noite, podia ser onça, a família espantava o medo passando trancas nas portas e janelas, e ficava junta ao redor do fogão de lenha aceso.

"Roça" é um lugar que a esperança abandonou. Havia os que "iam" à roça. Eram os fazendeiros proprietários que moravam na cidade e lá apareciam para ver o seu gado. Para esses havia esperança. Havia também os raros amigos que visitavam aos domingos. Para eles "roça" era piquenique. Mas havia os que "pertenciam" à roça, que estavam plantados nela, companheiros do gado, das matas, dos pastos. Para esses não havia esperança. Quem era da roça morria nela. "Roça" era limbo de onde não se podia sair. Meu pai não era da roça. A roça foi o seu degredo.

Para sobreviver era preciso lutar com a natureza. A natureza é bonita quando a gente a contempla de longe. De longe é um cenário bom de se fotografar. Ou quando ela foi domesticada e transformada em parque ou jardim. Mas a natureza em si, do jeito como nasceu, bruta, a gente dentro dela, é fera que mata sem piedade. Um amigo que morou menino na roça me disse: "Hoje todo mundo fala mal dos pioneiros que cortaram as florestas a machado. Acusam-nos de assassinos da natureza. Mas não havia outro jeito. A mata estava ali, cobra verde de boca aberta, à espreita, sorrateira, se arrastando, se aproximando, pronta a dar o bote. A mata era inimiga. Era preciso matá-la como se mata cobra. Ou nós ou ela... Para se construir uma casa e viver em paz era preciso acabar com a mata. Bom não era o verde. Bom era o 'terreiro' bem limpo, apisoado, varridinho, sem nem um capim crescendo nele, garantia de que as aranhas, os escorpiões e as cobras ficariam longe".

Era no terreiro que as crianças brincavam sem perigo. Quando o Jeca Tatuzinho se curou dos vermes e do amarelão e ganhou saúde, pegou no machado e pôs-se a cortar árvores. Assim escreveu Monteiro Lobato, o desenho do Jeca Tatuzinho cortando árvore, o que indica que até mesmo ele aprovava o que o Jeca fazia.

Lembro-me do meu pai trabalhando com a foice, corpo coberto de suor. Era preciso roçar os pastos para o gado ter o que comer. Batia a exaustão. Exaustão maior para quem não estava acostumado. Depois ele me contou que, quando a sede apertava, ele, de propósito, não bebia água. Esperava que a sede crescesse até ficar insuportável. Aí então ele ia até a mina. A mina estava escondida numa loca coberta de vegetação. Dentro era a sombra. A água borbulhava de mansinho, cristalina. A cuia cortada ao meio estava pendurada num gancho, à sombra. Ele pegava a cuia, enchia-a de água, olhava para a água agradecido, e bebia. Aí ele sentia que valia a pena viver. Não é preciso acreditar em Deus para sentir gratidão. Basta uma cuia d'água...

Tudo o que eu disse sobre a "roça" como lugar que a esperança abandonou só valia para os grandes. Eu era uma criança feliz. A infelicidade começa com a comparação. E eu não tinha com que comparar. Bachelard observou que "a infância conhece a infelicidade através dos homens" (*A poética do devaneio*, p. 9). Ainda não havia aprendido com os adultos a arte maldita da comparação. Esperança é coisa de gente grande, que vive no tempo, o passado, o presente, o futuro. Esperança é uma fantasia do futuro que alegra o presente. Criança não tem esperança. Não precisa. Se alegra no presente. Criança está fora do tempo. Mora na eternidade. Na eternidade não há tempo, não há passado, não há futuro, só o presente. Criança vive o momento. Eu só vivia o presente. Não tinha ansiedades. Meu irmão Ismael me contou que um dia a mãe lhe disse: "O que nos resta para viver são 800 mil-réis de um carro de bois que o seu pai vendeu...". Minha mãe e meu irmão estavam ansiosos pelo futuro. Eu, não. Sem o saber vivia a sabedoria evangélica que dizia que é inútil se preocupar com o amanhã. Jesus sabia que a cura para nossas doideiras é ficar criança de novo.

OS ESPAÇOS

Eu e a galinha. Ela, deitada no ninho, me olhava com seus olhos cor de laranja. Eu, agachado diante dela, a observava. Ela não se mexia. Tinha um ovo para ser botado. Não se mexia talvez porque estava ciente da gravidade do momento. Ou, talvez, porque soubesse que não precisava ter medo de mim. Crianças não matavam galinhas para fazer canja. Só os adultos. Ela tinha se recolhido de suas ciscações e correrias em fugas fingidas do galo. Estava no seu pequeno espaço, o ninho. O ninho, leito redondo feito com palha de milho rasgada, estava dentro de um balaio. Fascinava-me a galinha botando ovo. Fascinava-me aquele pequeno espaço, o ninho. Bachelard dedicou ao ninho catorze páginas do seu livro *A poética do espaço*.

> Descobrir um ninho leva-nos de volta à nossa infância, a uma infância. A infância que deveríamos ter tido. [...] Como compreendo agora a página que Toussel escreveu: "A lembrança do primeiro ninho de pássaros que encontrei completamente sozinho ficou mais profundamente gravada em minha memória do que a do primeiro prêmio de redação que obtive no colégio. Fui imediatamente invadido por uma comoção de

prazer indizível que me paralisou durante mais de uma hora o olhar e as pernas". [O ninho é espaço mínimo,] sonho da proteção mais próxima, da proteção ajustada ao nosso corpo.

Um psicanalista sensível sugeriria que o ninho nos reconduz ao útero. Pois o útero não é um ninho? Pequeno espaço ajustado ao corpo, sem ansiedades. Talvez seja daí que venha o fascínio das crianças pelos pequenos espaços. Os pequenos espaços são espaços de aconchego. O colo. O colo envolve e aperta suavemente. Lembro-me com alegria das brincadeiras na cama, as cobertas transformadas em tenda sustentada pelo dedão do pé. O sonho da casa no alto da árvore, onde os adultos não podem subir. Sim, a terrível intromissão dos adultos que estragam o espaço das crianças! "Não gosto de falar da infância", escreveu Guimarães Rosa. "É um tempo de coisas boas, mas sempre com pessoas grandes incomodando a gente. Recordando o tempo de criança, vejo por lá um excesso de adultos... Tempo bom de verdade, só começou com a conquista de algum isolamento, com a segurança de poder fechar-me num quarto e trancar a porta" (Guimarães Rosa, *Jardins e riachinhos*, Rio de Janeiro, Salamandra, 1983, p. 71-2). Quarto trancado é ninho.

Na roça havia também essa solidão grande... Não estava longe. Bastava olhar para cima pra ver o mar sem fim. "O mar de Minas não é no mar. O mar de Minas é no céu, pro mundo olhar pra cima e navegar, sem nunca ter um porto onde chegar..." Minha memória navegou. Me vi menino. Mas não era eu. Era outro. Eu sou aquele que agora se lembra depois de mais de sessenta anos. Mas o menino não se lembrava de nada. Vejo um menino de 5 anos e pés descalços deitado na relva. Goza a felicidade de não haver nenhum adulto por perto. Sem passado, sem futuro, ele é todo presente. Com as mãos entrelaçadas sob a cabeça, seus olhos brincam. Seguem o vôo dos urubus, pontos negros no céu. Circulam sem bater as asas. Deixam-se ser levados pelos ventos em curvas tranquilas. Como são belos os urubus em vôo, ele pensa. Pousados sobre os galhos das árvores são aves feias, desajeitadas. Nas alturas são belas. A beleza dos urubus não está neles. Está no seu vôo, que desenha círculos nos céus. Muitos anos mais tarde, o menino se lembrará dessa manhã e compreenderá que aquilo que vale para os urubus vale também para as pessoas. As pessoas são belas não pelo seu rosto mas pelos desenhos que fazem com seus gestos. Muito mais altas que os urubus são as nuvens que navegam no céu azul, o mar de Minas. Que seres misteriosos são as nuvens, sempre deixando de ser o que são para serem outras. Também desenham como os urubus. Desenham rostos, coisas, monstros... O menino se pergunta filosoficamente sobre o ser das nuvens. Uma menina de 4 anos, muitos anos depois, filha do então menino, espantada diante do absurdo das coisas, perguntou ao seu pai, menino que crescera: "As coisas não se cansam de serem coisas?". Filosofa: das nuvens vem a chuva, isso ele sabe. Mas ele já viu chuvas que não são água. Chuvas que são pedras de gelo. As pedras de gelo se amontoam no chão. São frias e se derretem com o calor, transformando-se em água. Então ele pensa que, antes de serem chuvas de água, as nuvens são blocos de gelo. Aquelas formas no céu serão gelo? Se são gelo por que não caem como todas as coisas pesadas? Que poder desconhecido as manterá lá em cima? Mas, e se caírem por causa do seu peso? Se caírem de repente vão causar um grande desastre aqui embaixo... Aí o seu pensamento para. Flutua carregado pelos urubus e pelas nuvens. O menino de pés descalços...

MINHA MÃE

Todo mundo gosta de beleza. Até os pobres. A pobreza também se enfeita. Primeiro era preciso limpar a casa abandonada. Varrer. Tirar as teias de aranha e os picumãs. Picumãs eram estalactites que ficavam pendurados sobre o fogão de lenha, formados pela combinação de teias de aranha e gordura e que, segundo as benzedeiras, tinham extraordinários poderes medicinais para a cicatrização de umbigos. O fogão tinha de ser limpo, cheio que estava com as cinzas deixadas por moradores anteriores. Era preciso caçar os ovos de baratas escondidos nas gretas.

Havia as prateleiras de tábua que o tempo, o pó, a fumaça das lamparinas e do fogão haviam pretejado. As mulheres da cidade enfeitavam suas prateleiras com pano bordado. A Adélia Prado, numa declaração de amor, escreveu ao seu amado: "Você me espicaça como o desenho do peixe na guarnição da cozinha"... Nunca me passou pela cabeça que guarnição de cozinha pudesse entrar em declaração de amor... Quando não tinha pano bordado, o jeito era comprar papel cor-de-rosa para fazer os enfeites. Se não tinha nem pano com peixe bordado nem papel comprado, o jeito era usar jornal. Minha mãe repicava jornal pra dar uma alegria pobre às prateleiras. E plantava roseiras.

Uma roseira florida era sinal de nobreza! Com as rosas brancas trepadeiras se fazia chá pra pôr nos olhos, como colírio. Havia uma coisa que não tinha jeito: os ratos. De noite, ficavam correndo entre os caibros redondos e as telhas. Ninguém se assustava. Ninguém gritava. Ninguém corria. Sabia-se que era inútil. O jeito era conviver com eles.

Eu não tinha brinquedos. Acho que nem sabia o que eram brinquedos, desses que se compram em lojas. Minha mãe me fazia uns brinquedos. Ela era uma artesã consumada em petecas de palha com penas de galinha. E fazia-me corrupios com botões grandes e barbante. E ensinou-me a fazer barquinhos e chapéus de papel, e a dobrar jornal para recortar dezenas de bonequinhos de mãos dadas. O livro que mais me encantava tinha sido dela, quando criança. Eram gravuras que faziam sonhar. Um homem negro arrastando-se na direção de um jacaré de boca aberta para enfiar verticalmente dentro de sua boca um pau pontudo. Quando ele fechasse a boca, estaria preso. Eu pensava: "Será que ele conseguiu?". Uma gravura de um prédio em Nova York com a seguinte explicação: "Nos Estados Unidos, há casas com dez andares". Uma família de esquimós, pais e filhos vestidos com peles, saudando o sol que aparecia depois de seis meses de noite. E a mais querida: um menino e uma menina fazendo um minijardim com árvores, riachinhos, pontes, cachoeiras. Brincava com pedras, bichos, sabugos de milho, arcos de barril. Da minha mãe, recebi minha primeira lição de teologia, embora ela o fizesse com boas intenções. De noite, antes de dormir, ela me fazia repetir: "Agora me deito para dormir. Guarda-me o Deus em teu amor. Se eu morrer sem acordar, recebe a minh'alma, ó Senhor, amém". Essa reza me ensinou que é perigoso dormir. A gente está distraído, guarda baixa, e é possível que a morte ataque. Aprendi que a gente morre. Por isso é preciso Deus, por causa da morte.

O sono é uma morte da qual se acorda. Toda noite, eu repetia a lição. E aprendi que, morrendo, a alma, uma coisa que mora no corpo, volta para Deus. Eu não queria voltar para Deus. Preferia a terra ao céu. Deus, que pode tudo, bem que poderia me proteger da morte, dando-lhe ordens ao contrário...

Ela também me contava estórias. Uma delas tinha um refrão: "Jingue-le-jingue que eu vou para a Angola...". Eu não sabia o que era Angola. Depois ela me disse que essa estória fora a Iaiá que lhe contara. A Iaiá era uma escravizada que permanecera na casa do meu avô mesmo depois da Lei Áurea. Ficara porque não tinha para onde ir. Aí entendi o que era Angola. Era a Iaiá que cuidava da minha mãe quando menina. Uma outra estória era a da madrasta que enterrara a enteada como castigo por não haver impedido que os passarinhos bicassem os figos da figueira. Mas seus cabelos brotaram do fundo da terra. O jardineiro, ao tentar capiná-los, ouviu um canto melancólico: "Jardineiro do meu pai, não capine meus cabelos. Minha mãe me penteava. Minha madrasta me enterrou pelo figo da figueira que o passarinho buscou". Ao final, o pai salva a filha da sepultura onde a madrasta a enterrara. Que maravilhoso tema para uma meditação psicanalítica! E cantava para me fazer dormir: "Tatu subiu no pau, é mentira de você. Lagarto, lagartixa, isso sim que pode ser...".

JECA TATU

Os grandes gostavam de judiar dos pequenos. Havia, à distância de um grito, uma mata fechada. Nunca fui lá perto. A mata era o mistério. Escura. De dia, ela estava quieta. De noite, vinham os barulhos estranhos. Pios de aves noturnas. Barulhos de animais. A gente os ouvia de dentro da casa, trancados, imaginando...

Pois os grandes gostavam de me torturar dizendo que na mata morava um menino pequeno como eu. E, para provar, gritavam com mãos em concha: "Ô menino!". Passavam-se alguns segundos e de dentro da mata vinha a resposta baixinho: "Ô menino!". Era o eco. Eu não sabia o que era eco. E acreditava. Antes de dormir, na minha cama, eu ficava a pensar naquele menino sozinho, abandonado na mata, sem casa, sem cama. E eu ficava triste, com dó dele. Hoje sei que o menino não existia. Mas a minha tristeza existia. A solidão daquele menino me acompanha até hoje. Eu tinha medo de que a onça o comesse. Porque todo mundo jurava já ter visto onça.

Foi então que me caiu nas mãos um livrinho, *Almanaque do Biotônico Fontoura*. Mesmo sem saber ler, fiquei fascinado com um desenho: um homem dando um murro na cara de uma onça enquanto uma outra onça contempla a cena com cara de espanto. E o homem dizia: "Conheceu, papuda!". Essa frase do esmurra-onças me fazia rir. Era o almanaque do Jeca Tatuzinho. Minha mãe me lia a estória do Jeca Tatuzinho todo dia. E quando chegava no "conheceu, papuda!" eu ria como se fosse a primeira vez. O Jeca Tatuzinho me fez perder o medo das onças. Decorei o livrinho e o levava comigo. E sempre que oportunidade surgia, eu me oferecia para lê-lo para quem quisesse. Minha tia Mema estava doente. Tinha tido um peripaque cardíaco. Ficava assentada o dia inteiro, com aquele sorriso manso, sem nunca se queixar. Eu me assentava num banquinho, abria no Jeca Tatuzinho e lia para ela: "Jeca-tatu era um pobre caboclo que morava no mato, numa casinha de sapé. Vivia na maior pobreza em companhia da mulher, muito magra e feia, e de vários filhinhos pálidos e tristes...".

Dizem que os brasileiros de agora não gostam de ler. Naqueles tempos, todo brasileiro, inclusive os analfabetos da roça, iam às farmácias para saber se o almanaque já havia chegado. Naqueles tempos, as farmácias eram centros de irradiação da cultura. Até hoje os almanaques são fascinantes. Especialmente o *Almanaque Brasil de cultura popular*, do Elifas Andreato. Acho que todo brasileiro gosta de ler almanaque. Eu gosto.

ZÉ SAPÉ

Quando se sabe pouco, se imagina muito. O Riobaldo sabia disso e advertia:

> O senhor deve ficar prevenido: esse povo diverte por demais com a baboseira, dum traque de jumento formam tufão de ventania. Por gosto de rebuliço. Querem-porque-querem inventar maravilhas glorionhas, depois eles mesmos acabam temendo e crendo. Parece que todo o mundo carece disso. Eu acho...

Na minha roça, tão longe do sertão do Riobaldo, era assim mesmo. O que confirma o dito: todo mundo carece disso... Os homens se reuniam ao fim do dia pra contar causos. Não era pra saber. Era pra imaginar. Brincadeira que se levava a sério. As coisas inventadas têm mais força que as não inventadas. Todo mundo sabia que o contador de causos estava mentindo. Mas seria falta de educação dizer a ele que as coisas que ele contava eram invenção. Assim, todo mundo fazia de conta que ele não estava mentindo. Tinha de fazer de conta, senão não tinha graça, não dava medo, não dava assombro. Depois de um causo portentoso, a coisa certa a se dizer era: "Mas isso não é nada...". Aí aquele que disse começava a contar as suas maravilhas inventadas. Ninguém se interessava por fatos verdadeiros. Fato verdadeiro não dá espanto. O espanto mora no inventado. Os fatos verdadeiros só servem para neles se amarrar a fantasia, feito prego pra se pendurar um quadro. O prego ninguém vê. Os homens da cidade diziam que eram mentiras. Pois eu digo que ali estava o nascedouro do realismo fantástico. Bem diz o Manoel de Barros que o que não existe é mais bonito do que o que existe. Entre todos os contadores de "causos" lá na roça, o mais imaginoso era o Zé Sapé. Foi assim que, numa roda, depois de um "causo", ele disse "mas isso não é nada" e passou a relatar o que lhe acontecera. Relatou, com a gravidade que convém a uma pessoa que só diz verdades. Era depois do almoço. O sol estava no alto do céu, queimando. Deu-lhe uma dor de barriga. Procurou um lugar adequado para obrar. Não podia ter mato alto, porque o mato alto espeta e faz cócegas no traseiro. E tinha de agachar na direção da subida do morro, pra obra não escorrer na direção do pé. Apertado pela necessidade, nem olhou direito. Desafivelou o cinto, baixou as calças, agachou e desapertou-se. Terminada a obra, feita a limpeza com um chumaço de capim, levantou as calças, apertou o cinturão... Aí ele explicou: "Todo mundo gosta de vê o que feiz. Eu virei pra vê. E num é que eu tinha obrado bem na cabeça de uma urutu que tava durmino, aquentano o sor di meio-dia? E a danada num acordô...".

Acho que, se o Zé Sapé tivesse contado o seu "causo" aos autores bíblicos, o texto sagrado seria diferente. Lá, onde se diz que a mulher pisaria na cabeça da serpente e a serpente lhe morderia o calcanhar, estaria escrito: "E o homem obrará na cabeça da urutu e a urutu não morderá o seu traseiro".

REMÉDIOS

A farmácia na roça era simples. Para dor de barriga, chá-de-bico. Para tosse, especialmente tosse de cachorro, chá de poejo e angu quente enrolado em pano aplicado no peito. Para estômago embrulhado, chá de losna. Vômito instantâneo. Para bronquite, inalação: água fervendo com folhas de eucalipto numa caneca sobre a qual se aplicava um funil invertido feito com papel. Para dor de dentes, bochechos com água morna. Os grandes bochechavam com pinga. Se houvesse maiores recursos da ciência, cera Doutor Lustosa, com que se enchia o buraco do dente. Para dor de garganta, gargarejo de água morna e sal. Para espantar os pernilongos, folhas de eucalipto queimadas numa lata, dentro do quarto. Pra picadura de cobra, ouvi dizer que duas colheres de querosene é remédio bom. Mas não posso confirmar.

BICHO-DE-PÉ

Todo menino tinha bicho-de-pé. Eu tive muitos. Ter um bicho-de-pé era uma felicidade...

Como é provável que a maioria dos meus leitores nem tenha tido a felicidade de ter um bicho-de-pé no dedo do pé e nem mesmo tenha ouvido falar desse minúsculo animal, trato de dar as informações devidas. Trata-se de uma espécie de pulga, nome científico *Tunga penetrans*, que tem especial predileção pelos dedos dos pés. Esse gosto é específico das fêmeas, que, penetrando sob a pele dos humanos, ali se põem a botar uma enorme quantidade de ovos minúsculos que formam uma bolha transparente, como se fosse de plástico, do tamanho de uma pimenta-do-reino. Essa bolha recebe vulgarmente o nome de "batata".

A descoberta de uma ou mais batatas nos dedos era sempre um motivo de felicidade, por uma razão que explicarei depois. A extração de uma batata requeria uma habilidade protocirúrgica, ou seja, a manipulação de uma agulha de costura. Procedia-se de forma ordenada: com a ponta da agulha, ia-se cortando a pele circularmente à volta da batata até que, completada a operação, espetava-a no seu centro, marcado pelo ponto negro da *Tunga penetrans*, para então cuidadosamente proceder-se à conclusão da cirurgia, qual seja, puxar a batata para fora. Sendo bem-sucedida a operação, a batata saía redonda e inteira, sendo exibida triunfalmente como um troféu pela cirurgiã. No seu lugar fica uma pequena cratera, cratera esta que tem uma capacidade enorme de produzir prazer, sob a forma de coceira.

Coceira é uma coisa estranha: dor que dá prazer. Todo mundo já teve frieira, prazer parecido com o da batata. A gente coça até sair sangue. É provável que o mistério do masoquismo encontre sua explicação mais profunda no prazer doloroso da coceira. Meu irmão Murilo, por medo da agulha, não deixava que suas batatas fossem extraídas. Mas tratava de obter o prazer a que tinha direito por meio de um interminável esfrega-esfrega das batatas com uma bucha.

O amor à verdade obriga-me a uma informação desagradável: o bicho-de-pé, para existir, precisa de sujeira. É nos chiqueiros que ele engorda. Há prazeres que necessitam de um ambiente suíno para existir.

O bicho-de-pé, juntamente com as pulgas, eram partes normais da vida, conviviam com os humanos. De noite, as pulgas começavam a fazer cócegas, andando sobre a pele, à procura de um lugar propício à sua mordida hematófaga. Mas depois vieram os inseticidas, o BHC, o Neocid, e elas se foram. Hoje só sobrevivem em locais distantes. São animais em perigo de extinção, mas ninguém sai em sua defesa. Os bichos-de-pé mereceriam sobreviver pelo seu uso metafórico na educação sexual. A jovem, com medo da noite de núpcias, perguntou à mãe se doía muito. Ao que a mãe respondeu: "É feito bicho-de-pé. Dói um pouquinho mas depois a gente não quer parar de esfregar".

SENHOR FIRMINO

Meu pai, quando rico, era uma festa. Os amigos eram muitos nos jantares, nas festas, nas viagens ao Rio. Ficou pobre, os amigos sumiram. A Cecília Meireles escreveu no *Cancioneiro da Inconfidência*: “Quando a desgraça é profunda, que amigo se compadece?”. Há dois tipos de pobreza. Primeiro, a pobreza dos pobres que sempre foram pobres. É uma pobreza natural, que não pede nada, no máximo uma esmola, um quilo de arroz, uma roupa velha. Roceiro pobre vira poesia, vira quadro... Segundo, a pobreza daquele que já foi rico. Essa pobreza é trágica. Acho que é porque o pobre que sempre foi pobre não tem vergonha da sua pobreza. Mas o pobre que já foi rico é um homem humilhado. Então não é só a dor da pobreza. É a dor da humilhação. Parte da humilhação são os amigos que desaparecem. Nem o padre, pastor de almas, jamais nos visitou. Camilo Castelo Branco passou por experiência parecida e escreveu um soneto. Tinha tido muitos amigos. Julgava-se o mais ditoso dos homens. Mas chegou a velhice e com ela, a desgraça:

> Um dia adoeci profundamente.
> Ceguei. Dos cento e dez houve um somente
> Que não desfez os laços quase rotos.

Que vamos nós (diziam) lá fazer?
Se ele está cego, não nos pode ver...
Que cento e dez impávidos marotos!

Aí aconteceu uma coisa inesperada. Começou a nos visitar um desconhecido, o senhor Firmino. Era um evangelista protestante. A desgraça do meu pai era notícia, assunto de conversa nas esquinas, chegou a ser manchete do jornal *O Estado de Minas*. O senhor Firmino ficou sabendo daquele homem abandonado. Que extraordinária vocação essa de sair em busca dos solitários e tristes para lhes falar de Jesus! Não me lembro de nada do que ele falava. Lembro-me dos hinos bonitos que ele ensinava. Um deles era sobre um homem com sobrenome estranho, um tal de João Totrono. Só depois de grande descobri que não se tratava de um homem de sobrenome estranho. O João Totrono era "Junto ao trono de Deus, preparado tens, ó Cristão, um lugar para ti...". De vez em quando, o hino se canta na minha cabeça. E volto à sala onde o senhor Firmino pregava àquela pequena congregação...

Acho que foi assim que se iniciou a relação de minha família com o protestantismo. Não foi conversão, experiência espiritual ou iluminação. Minha mãe, até o fim da vida, toda noite rezava a Ave-Maria antes de dormir. E meu pai nunca levou as coisas de religião a sério. Há pessoas que se convertem por causa de uma grande experiência espiritual solitária. Outros não se convertem: apenas se mudam da sua solidão para uma comunidade que os acolha. O que a comunidade pensa não importa muito. A experiência de pertencer, de não estar sozinho, é tão gratificante que é capaz de digerir qualquer idéia esquisita. Chupado com amigos, o limão é doce. Acho que foi isso que aconteceu. Primeiro, a presença fiel do senhor Firmino. Depois, a comunidade maior, os protestantes. Eles tinham uma grande escola em Lavras, internato famoso para o qual as famílias ricas do Brasil inteiro enviavam seus filhos e filhas. Mas a relação da minha família com os protestantes do Instituto Gammon era muito mais antiga. Mas isso é uma outra estória...

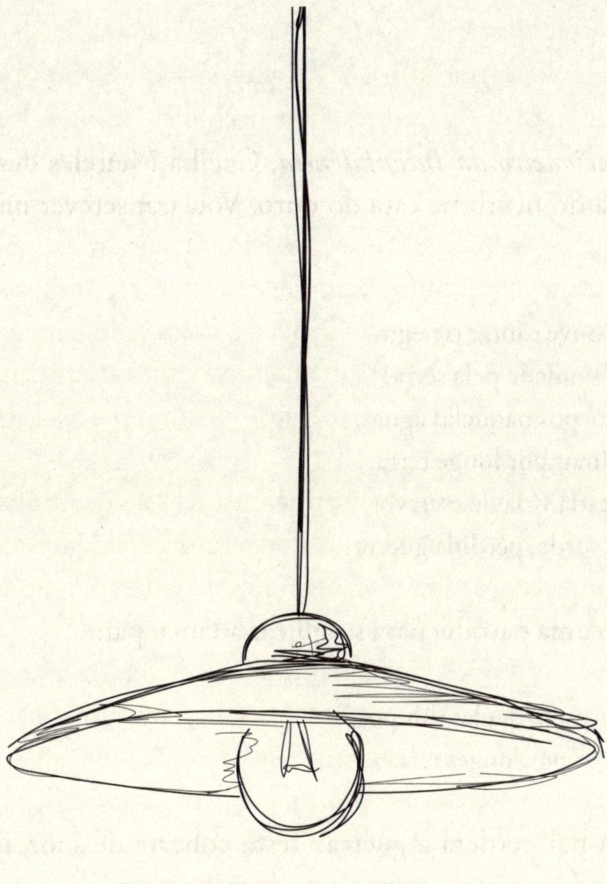

ADEUS À ROÇA

No *Cancioneiro da Inconfidência*, Cecília Meireles descreve a desgraça do negro na cata do ouro. Vou transcrever um pedacinho:

Já se ouve cantar o negro,
Que saudade pela serra!
Os corpos naquelas águas,
As almas por longe terra.
Em cada vida de escravo.
Que surda, perdida guerra!

Faço uma paródia para se aplicar ao meu pai:

O corpo naqueles campos,
A alma por longes terras...

Meu pai perdera a guerra. Testa coberta de suor, foice na mão, ele não queria travar uma batalha com a natureza. Ele não nascera para a agricultura. Não nascera para a solidão dos pastos. Sua alma viajava por outros lugares. O apito das locomotivas, o cheiro do carvão, as viagens, o sacolejar do trem cortando os campos, as estações ferroviárias, os hotéis, a caderneta quilométrica, e ele fazendo a praça, espalhando palavras alegres para convencer os fregueses, o retorno à casa depois do triunfo comercial de cada viagem. Sonhava outra vida. Essa outra vida começava com as locomotivas. Sonhava mudar-se para Juiz de Fora e dizia: "Em Juiz de Fora, as rodas das locomotivas são da altura do seu irmão Ivan...". Eu me assombrava ao ouvir falar dessas coisas que eu nunca vira. Ele abria então a *Encyclopaedia* no volume XI, "K–MACCHABEUS", e me mostrava as fotografias. "Quem inventou a locomotiva foi um inglês chamado George Stephenson", ele dizia.

Até que chegou um dia quando ele disse: "Vamos nos mudar daqui! Vamos nos mudar para Lambari...". Não era Juiz de Fora. Para Juiz de Fora, o pulo seria muito grande. Era uma cidadezinha pequena, estação de águas, que tinha trem. Eu não me lembro direito do dia da mudança. Lembro-me de que me acordaram muito cedo. E eu me espantei ao ver o céu coberto de estrelas. Para mim, menino, céu coberto de estrelas acontecia à noite, quando se ia para a cama. Que estranho! Eu estava me levantando, era manhã, e o céu estava coberto de estrelas!

A mudança foi simples. Não tínhamos móveis. Tudo o que tínhamos cabia numas poucas canastras. Mais o piano, naturalmente. A *Encyclopaedia*. E a Biblioteca Internacional de Obras Célebres. Umas poucas panelas. Talheres. Louças. Roupas. E foi assim, com o céu coberto de estrelas e o horizonte se avermelhando que eu deixei o mundo onde meus companheiros eram os cavalos, as vacas, as galinhas, os riachinhos e o menino da mata que conversava comigo e me mudei para um mundo desconhecido onde corriam trens de ferro movidos a fogo e vapor...

Parte 3
LAMBARI

A infância do homem levanta o problema de toda a sua vida; cabe à idade madura encontrar-lhe a solução.

Bachelard

A CAIXA DE LARANJADA

Deixei a roça sem saudades. A saudade vem com a velhice. Não sofri com a mudança. Como disse Caeiro, "as crianças são de novo nascidas a cada momento para a eterna novidade do mundo". Tudo era novidade. Não me importava que a casa para onde nos mudamos fosse do tamanho de uma caixa de fósforos. Eu não sabia que ela era do tamanho de uma caixa de fósforos. O que me importava era o fato de minha casa se encontrar atrás de um Castelo Encantado. Lá estava ele, no alto da colina, enorme, fechado, misterioso. Dos pátios vazios que o circundavam, olhando-se para baixo, via-se um lago azul imenso, coisa que eu desconhecia, porque na roça eu só conhecera riachinhos e lagoinhas. E havia marrequinhos a nadar...

Depois de grande, pensei que não havia razões objetivas para nos termos mudado para Lambari. Meu pai era agora viajante, precisava de trens, e o mais lógico teria sido Três Corações, entroncamento ferroviário. Por que ele escolheu Lambari? Acho que foi por causa do Castelo Encantado... Ele me levou a visitar o Castelo por dentro, graças à amizade que fizera com o guarda. Eram salas imensas, empoeiradas, silenciosas, escuras, os móveis cobertos com lençóis, lustres de cristal, mesas de veludos vermelhos e verdes. Tudo parecia dormir. Eu estava no Castelo Bela Adormecida...

Mais tarde me explicaram, e com a explicação o Castelo deixou de ser Castelo. Foi-se o mistério. Virou um cassino. O assombroso desse cassino é que ele teve uma noite de glória, uma única noite de glória. Foi fechado por ordens superiores no dia seguinte ao de sua inauguração, sem explicações, e nunca mais foi aberto.

O tempo realizou o seu trabalho de desencantamento. Hoje, nele funcionam repartições da prefeitura. As riquezas antigas desapareceram. Parece que foram saqueadas. Agora ele está reduzido à banalidade de um prédio onde funcionam repartições burocráticas. Visitei-o sob sua nova forma. O lago é o mesmo. Os marrecos continuam a nadar. Observei os funcionários. Eles não sabem que estão andando num espaço onde, em tempos esquecidos, viveram reis e donzelas. Agora, na lanchonete, se serve um cafezinho com pães de queijo...

Cheguei e percebi que acabara de entrar num mundo diferente daquele em que eu vivera. Mas o desconhecido não me amedrontava. Ao contrário. Dava-me uma alegre sensação de liberdade. Lá não havia nem onças nem meninos abandonados dentro da mata. Tive uma cadela que, quando novinha, de repente, sem nenhuma razão especial, se punha a correr e a saltar como doida, em círculos, pela própria alegria de viver. E eu me vejo, menino de 6 anos, como a minha cadelinha, correndo de alegria, sem nenhuma razão, entrando pela porta da frente da casa, atravessando alpendre, a sala, saindo pela porta da cozinha, voltando para a frente da casa, para fazer tudo de novo, em círculos...

As evidências da novidade do mundo eram claras. A primeira era a maravilha das lâmpadas elétricas que pendiam do teto ao fim de um fio coberto de cocôs de moscas. Mas que são cocôs de moscas diante do assombro? Bastava girar uma orelha no bocal para que a lâmpada acendesse! Adeus, lamparinas! Adeus, cheiro de querosene! Adeus, fuligem negra! Na roça, o mundo e a vida eram misteriosos. Mas não os objetos. Bastava olhar para compreender como eram feitos e como funcionavam. Uma lamparina, nada mais simples: um recipiente de vidro ou lata, querosene, pavio, fogo, luz. Era fácil fazer uma lamparina. Mas a lâmpada elétrica pertencia a um novo mundo, onde os objetos eram opacos. Como são feitas as lâmpadas? Como acontece o milagre da luz? Que coisa é essa chamada eletricidade que ninguém vê, que faz a lâmpada acender e que dá choque quando se toca nela, invisível?

A outra evidência era a privada. Bastava puxar uma cordinha para que acontecesse uma descarga de água que fazia desaparecer os cocôs...

Não tínhamos móveis. Mas o meu pai dava um jeito. Foi a um armazém, arranjou um caixote grande de madeira, trouxe-o para casa, tirou uma porta das dobradiças, pregou-a sobre o caixote, e eis a nossa mesa! Infelizmente a mesa apresentava um problema devido à sua construção: ela funcionava como uma gangorra. Quem estivesse assentado à cabeceira, se se apoiasse sobre a mesa, corria o risco de receber uma terrina de feijão na testa. Guarda-roupas, nem pensar. Meu pai não se perturbou. Juntou uns cabos de vassoura abandonados, fez buracos nos ângulos das paredes e neles encaixou os cabos de vassoura que, assim, se transformaram nos nossos guarda-roupas, onde pendurávamos os cabides. Muito pouco, mas o suficiente para as poucas roupas que tínhamos.

Um dia o pai, viajante, chegou de uma de suas viagens com uma surpresa alegre. Como já disse, ele vendia de tudo. E também caixas de doces de frutas em pasta: goiabada, pessegada, marmelada, laranjada. Pois uma caixa de doce de laranja de cinco quilos ficara encalhada, e assim ele a trouxe como presente. Foi uma felicidade! Comeríamos sobremesa! No primeiro dia, foi uma festa. Também no segundo, no terceiro e no quarto. Acontece, porém, que cinco quilos de doce de laranja é muito... Por mais que comêssemos, a laranjada não diminuía de tamanho. Transcorridas duas semanas, já não podíamos ver a caixa, que voltava sempre para a mesa. E, sendo pobres, não podíamos nos entregar ao luxo de jogá-la fora. A laranjada, de alegria se transformou em tortura. Levou muito tempo para que terminasse. Terminou. Mas o trauma ficou.

AS MARCAS DO SANGUE AZUL

A importância de Lambari na minha infância se deve a uma ação do meu irmão Ismael, em claro desafio à autoridade de minha mãe. Mas, para chegar a esse acontecido, é preciso começar longe.

A psicanálise ensina que, para se descobrir segredos, é preciso prestar atenção a pequenas coisas a que ninguém atribui importância. Por exemplo: aqui, na cidade onde vivo, Campinas, há pessoas que falam "casa de Aurélia", "o livro de Pedro", "o aniversário de Margarida"... Quando ouço esse "de", já sei que se trata de pessoa ligada à nobreza dos grandes barões do café. E me cubro de cerimônias por me sentir na sala de visitas de um casarão colonial... É nesse insignificante "de" que se encontra a revelação.

Pois as diferenças entre a família do meu pai e a família de minha mãe se revelam no insignificante e banalíssimo ato de chupar laranja. Ah! Vocês pensavam que uma laranja é simplesmente uma laranja! Não é, não. Laranjas do mesmo pé podem ser nobres ou plebéias. Depende do jeito como são comidas. A família de minha mãe chupava laranja de gomo, a família do meu pai chupava laranja de tampa. Você pode imaginar uma senhora da alta sociedade chupando laranja de tampa num jantar? Jamais! Chupar laranja de tampa é coisa de plebeus: a laranja enfiada entre os beiços e os dentes, comprimida pelas mãos para lhe extrair o caldo, as sementes enchendo a boca para serem cuspidas para o lado. Pode-se dizer que chupar laranja de tampa é gostoso e descontraído. Mas elegante é que não é. Laranja de tampa pode-se chupar de pé e mesmo andando. O que não é possível fazer quando se chupa uma laranja de gomo. Há duas formas de se chupar uma laranja de gomo. A primeira, plebéia, consta das seguintes operações. Descascar a laranja. Tirar a pele branca que cobre os gomos. Abrir a laranja em duas. Ir enfiando os gomos um a um na boca para serem mastigados, o caldo engolido, as sementes cuspidas e o bagaço engolido ou cuspido, conforme o gosto ou as necessidades da pessoa. Digo "necessidades" porque há pessoas que engolem o bagaço por ordem médica, por causa da prisão de ventre. A segunda, nobre, é diferente. É preciso estar assentado à mesa. Primeiro, é o cuidadoso ato de descascar. Descascada a laranja segue-se a operação de retirar-lhe a película branca que a cobre. A seguir, abre-se a fruta em duas metades e separam-se os seus gomos. Tomam-se então os gomos, um a um, e vagarosamente executa-se a operação cirúrgica de retirar a pele translúcida em que vêm revestidos, o que se faz por meio de uma incisão ao longo da linha fina do gomo. Desnudados os gomos, retiram-se-lhes com a ponta da faca os caroços, que são colocados num prato. Finalmente, come-se a sua carne enquanto se conversa. É trabalhoso comer uma laranja de gomo. Trata-se de um elaborado striptease. Todos da família da minha mãe comiam as laranjas de gomo, do jeito nobre. Curioso sobre esse costume, procurei explicações com a minha mãe. Ela me respondeu: "É para aproveitar melhor". De fato, aproveita-se melhor. Mas eu não via razão para se aproveitar tanto, quando as laranjeiras estavam cheias de laranjas que se perdiam, comidas pelos passarinhos e insetos e apodrecidas no chão. Não, não fazia sentido. Essa estória de "aproveitar melhor" só faz sentido quando laranjas são poucas e raras, frutas nobres e caras, possivelmente importadas... Mas lá no interior de Minas não se importavam laranjas, não eram raras nem eram caras. Havia um descompasso entre a abundância das laranjas e a necessidade de comê-las de sorte a aproveitar todas as suas garrafinhas. Se você não sabe, as garrafinhas de uma laranja são aquelas minúsculas gotas de caldo que compõem o gomo. Isso não era costume brasileiro. Era costume que vinha das cortes reais da Europa. Lá, os nobres, ricos, comiam caras laranjas importadas, de gomo, elegantemente. O povo pobre não comia laranjas, talvez nem soubesse o que eram laranjas... Assim, ao comer as laranjas de gomo, os membros da família de minha mãe anunciavam suas origens de sangue azul.

A família do meu pai, que chupava laranjas de tampa, nada tinha de nobreza. Era gente comum, sem etiquetas. Mas a família da minha mãe se julgava diferente, era de "sangue azul", e se meu avô permitiu que minha mãe se casasse com o meu pai, acho que foi porque meu pai era rico. O dinheiro faz perdoar um homem que chupa laranjas de tampa... Referiam-se desdenhosamente às pessoas da "prateleira de baixo" e, quando uma delas tinha antecedentes negros, coçavam discretamente a bochecha com o dedo indicador – gesto que era conhecido de todos – para advertir quem não soubesse: "Tem sangue de preto".

Havia vários outros artifícios para estabelecer com clareza sua superioridade sobre a plebe. Um deles eram os nomes que se davam aos filhos. A plebe batizava seus filhos de João, José, Antônio, Manuel, Maria, Conceição, Tereza, nomes vulgares que logo eram reduzidos a apelidos. Mas, para que não houvesse confusões, nossa diferença nobre já estava anunciada em nossos nomes: Aloísio, Augusto, Silvestre, Jorge, Eugênio, Noêmia, Eliza, Delminda...

Uma outra marca de nobreza estava nas roupas que tínhamos de vestir. Os meninos da plebe muito cedo começavam a usar calças compridas. Mas a família da minha mãe achava que os filhos nobres tinham de usar calças curtas. Meu irmão me contou da sua vergonha: já tinha catorze anos, suas pernas eram peludas e tinha de usar calças curtas. Ele andava pelas ruas se espremendo contra as paredes para que ninguém o visse. Naqueles tempos, filho não tinha vontade. Minha mãe se justificava dizendo que os meninos do Rio de Janeiro usavam calças curtas.

Foi muito depois, no Rio de Janeiro, que descobri que a razão era outra. Mãe que tem filho de calças curtas é mulher jovem. A idade de uma mulher se media pelo comprimento das calças do filho... Eu tinha doze anos. Só usava calças curtas. Meu pai e minha mãe me levaram para comprar um terno. Em tudo eu era apenas um observador. Minha mãe pediu um terno de calças curtas. O vendedor respondeu que, para um jovem da minha idade, não havia ternos de calças curtas. Ri de felicidade! Finalmente iria realizar o meu desejo de ter um terno de calças compridas! Concluída a compra, minha mãe disse ao vendedor: "Por favor, mande cortar as pernas...". O remédio era continuar a usar as calças compridas de brim cáqui do uniforme da escola. Ela não podia mandar cortar as pernas das calças do uniforme...

Na família do meu pai, as portas da rua das casas tinham um buraco pelo qual se passava um barbante amarrado ao trinco. Não era preciso bater. Bastava puxar o barbante que a porta se abria e a pessoa podia entrar pela casa indo até a cozinha, onde havia sempre uma cafeteira sobre a chapa do fogão de lenha. No sobradão do meu avô, ninguém passava da sala de visitas, que ficava na frente, ao fim da escadaria. Era lá que as visitas eram cerimoniosamente recebidas e confinadas.

Mas, de todas as marcas de nobreza, havia uma que me humilhava mais: os meninos da plebe tinham os seus cabelos raspados à escovinha, com uma franja na testa. Como tínhamos de nos diferenciar dos meninos da "prateleira de baixo", nosso cabelo havia de ser comprido. O que era motivo de muita vergonha porque, naqueles tempos, cabelo comprido era coisa de menina. Cabelo comprido e calças curtas: era demais...

Aconteceu que o meu irmão Ismael, já moço, já havendo ultrapassado a humilhação das calças curtas, já havendo ultrapassado a humilhação do cabelo comprido, veio nos visitar. Ele estava no internato do Instituto Gammon, em Lavras. Ele não disse nada. Me pegou pela mão e disse: "Vamos passear!". Ao passar por uma barbearia, ele entrou, assentou-me na cadeira e ordenou ao barbeiro: "Escovinha".

Parte 4
TRÊS CORAÇÕES

Na minha infância nasce uma
infância ardente como o álcool.
Eu me assentava nos caminhos
da noite. Escutava o discurso das
estrelas e o da árvore. Agora a
indiferença neva a noite na
minha alma.

Vicente Huidobro

TRÊS CORAÇÕES

"Vamos mudar para Três Corações", disse o pai. Os negócios estavam melhorando. Três Corações era entroncamento ferroviário. Facilitava a vida de um viajante de caderneta quilométrica, boné e guarda-pó.

Em Três Corações passava o rio Verde.
Em Três Corações estavam soldados que andavam a cavalo...

Lembro-me do meu pai, assentado à escrivaninha, fazendo um inventário da sua riqueza: a *Encyclopaedia e Diccionario Internacional*, a *Biblioteca Internacional de Obras Célebres*, dois quadros a óleo, sem moldura, um navio a velas em meio a um mar agitado, um veado galheiro soltando vapor pelas narinas, o atlas francês, uma máquina de escrever Smith-Corona portátil, um relógio de bolso, de ouro. Nada mais.

Minha mãe vivia na tristeza. Saudades do sobrado. Eu não tinha um passado de riqueza para comparar com o presente de pobreza. Por isso era feliz na pobreza. Acho que foi a sua memória do sobrado que fez com que ela nunca reconhecesse a casa onde morávamos como dela. Quando ela dizia "lá em casa", era ao sobrado que estava se referindo. Ela vivia com saudades do sobrado. Daí a sua depressão.

Os deprimidos querem dormir. No sono não há tristeza. Minha mãe ia cedo para a cama. Se pudesse, dormiria sempre. Mas eu e o Ivan, meu irmão, estávamos alegres. Não queríamos dormir. Íamos para a cozinha para um "concerto" de leitura: a Astolfina nos lia, soletrando, as *Histórias do arco da velha*. O suspense era máximo e nos arrepiávamos de terror quando ela lia que o herói, dentro de um quarto, ouvia uma voz lúgubre que dizia: "Eu caio, eu caio...". Ao que ele, sem se perturbar, respondia: "Pois caia com Deus...". E uma perna caía. E ia assim, a cada "eu caio, eu caio", caíam braços, mãos, pernas, pés, cabeça, até que o corpo inteiro estava deitado no chão. Íamos para a cama com medo de que pernas nos caíssem na cabeça.

Na cama ouvíamos o relógio da matriz tocar oito badaladas. Eu ainda vivia o tempo da roça. Valia que já o sol se pusera, a noite chegara e as galinhas estavam dormindo nos poleiros. Noite profunda, a cidade adormecida, todos na cama, as ruas vazias, os monstros da noite correndo soltos pela cidade, tal como acontecia na roça.

A Tofa fazia bonecas de pano para mim. Eu gostava de brincar com bonecas. Mais tarde, os homens me disseram que era vergonhoso para um menino brincar com bonecas: "Quem brinca com boneca são as meninas". Troquei então as bonecas por um ursinho. Com ursinhos os meninos podem brincar. Não é vergonhoso.

UM MENINO PERDIDO NA NOITE

Já meio adormecido, eu ouvia uma voz que vinha da rua. Voz de menino. "Olha os pastéis, de carne e de queijo..." Sozinho na rua vazia ele vendia pastéis que sua mãe fizera. Para quem, se nas ruas não havia ninguém? Era como nas estórias: havia sempre um bom menino perdido. Ele me fazia lembrar o menino da mata. Imaginava-me no seu lugar, anunciando pastéis a um mundo adormecido. E toda noite acontecia o mesmo, ele passava com o mesmo anúncio triste: "Olha os pastéis, de carne e de queijo...". A voz triste daquele menino me marcou. Continuo a ouvi-la.

OS CENTAUROS

O barulho de ferro batendo nas pedras me acordava de madrugada. O ruído das ferraduras se misturava com o relinchar dos cavalos. Eu me levantava e abria a única bandeira da janela. Só um pouquinho porque tinha medo de que me vissem. Eram seres misteriosos, misturas de homens e cavalos que, na bruma da manhã, me faziam imaginar centauros. Das ventas dos cavalos saía fumaça quando relinchavam. Como se fossem dragões. Do ângulo pelo qual os observava, através da fresta da janela, não me era possível ver o rosto dos soldados. Via-os pelas costas, inumeráveis, iam vagarosamente, a passo. Um exército inteiro de soldados dotados de força descomunal, a caminho de uma batalha. Que iam para uma batalha era certo: os fuzis pendentes dos coldres, ao lado direito das selas, esperavam a hora do fogo. Passado o último centauro, eu fechava a janela, voltava para a cama e ficava a imaginar a batalha, até dormir.

Parte 5
LAVRAS

De que é que se tem sede nesta alma? – De qualquer coisa como tudo que foi a nossa infância. Dos brinquedos mortos, das tias velhas idas. Essas coisas é que são a realidade, embora morressem. Que tem o Inefável comigo?

Fernando Pessoa

MARIA-FUMAÇA

Por que lhe deram esse nome de maria-fumaça não sei. Nome de mulher, Maria. Certamente quem assim a batizou deveria ser casado com uma Maria que tinha fogo nas entranhas.

Por mais que eu explique, quem não ouviu o seu apito rouco no meio da noite não entenderá. O apito rouco de uma maria-fumaça é um punhal que atravessa a alma. Mas isso é coisa que está além das palavras. É preciso ter ouvido para entender. Os poetas bem que tentam. Pode ser que coisa dita não seja entendida, mas o sentimento que mora nos vãos das palavras, esse sentimento é sentido. A Adélia sentiu: "Um trem de ferro é uma coisa mecânica mas atravessa a noite, a madrugada, o dia, atravessou minha vida, virou só sentimento". Mário Quintana sentiu: "Eu que nasci na Era da Fumaça: – trenzinho vagaroso com vagarosas paradas em cada estaçãozinha pobre para comprar pastéis, pés-de-moleque, sonhos – principalmente sonhos!".

A maria-fumaça faz sofrer aqueles que dela se lembram. Agora ela é só saudade de um tempo, o tempo quando o seu apito era um choro solitário no meio da noite. As noites de antigamente choravam. Agora os barulhos da noite são outros.

O Milton sentiu: "Maria-fumaça já não canta mais para nossas casas, praças e quintais".

O apito rouco da locomotiva era um grito de despedida. Ela sabia... Apito triste. Pode um apito ser triste? "Não há nada mais triste que o grito de um trem no silêncio noturno", disse Mário Quintana. "É a queixa de um estranho animal perdido, único sobrevivente de alguma espécie extinta, e que corre, corre, desesperado, noite afora, como para escapar à sua orfandade e solidão de monstro..." O apito começa grave e ia oitavando em gritos finos. Olhando para o porto, Fernando Pessoa escreveu: "Todo cais é uma saudade de pedra". Digo eu: "Toda maria-fumaça é uma saudade de ferro e fogo".

Pena que Villa-Lobos, de cuja música eu muito gosto, não tenha entendido. Fez uma música sobre o trem e deu a ela o nome de "O trenzinho do caipira". Mas não era "trenzinho". Era enorme, negro, imponente, assustador. Depois, não era do caipira. Era de todo mundo.

Manoel de Barros louvou "as latrinas desprezadas que servem para ter grilos dentro" porque "elas podem um dia milagrar violetas". Pois eu louvo as marias-fumaça abandonadas, elas podem um dia milagrar sabedoria. A maria-fumaça ensina a sabedoria de Minas.

Meu pai, viajante, ficava feliz só de estar viajando, sem pensar no destino. Ia baforando o seu cachimbo, olhando para fora e imaginando grandes coisas que nunca aconteceriam. Ele se alimentava dos seus sonhos. Depois dormia embalado pelo sacolejo do trem.

A VIAGEM A LAVRAS

Na estação da Rede Mineira Viação estávamos eu e minha mãe esperando o trem que nos levaria a Lavras. Batia o sino da estação. Parecia sino de igreja. Estação é igreja? Pode ser. Pode ser céu para quem volta, pode ser céu para quem vai.

O sino batera porque o telégrafo, com seus bipes em Morse, informara o chefe da estação que o trem acabara de partir da estação mais próxima. Dentro de uns vinte minutos estaria chegando. Aí os olhos de todos se voltavam para a esquerda. O trem viria da esquerda. Antes de aparecer, seria o apito rouco da maria-fumaça resfolegando nas curvas, "vim-da-barra-tô-cansada, vim-da-barra-tô-cansada, vim-da-barra-tô-cansada", gritando às pessoas e bichos que fugissem dos trilhos. As marias-fumaça falam sempre, cada uma na sua língua. Kurosawa disse que no Japão as marias-fumaça diziam: dodêskaden, dodêskaden, dodêskaden. Finalmente ela aparecia ao longe, negra, bufando fumaça pela chaminé. Aproximando-se da plataforma, era o barulho dos ferros, o guincho das rodas escorregando sobre os trilhos por causa da freada, aço contra aço, o chiado dos vapores que saíam assobiando da caldeira que os fogos da fornalha faziam ferver. Desciam os que chegavam. Embarcavam os que partiam. Púnhamos as malas no bagageiro suspenso do vagão de primeira classe, tomávamos o nosso lugar, o chefe da estação tocava um apito e gesticulava, dizendo ao maquinista que podia partir. A máquina apitava, esforçava-se aos sacolejões para vencer a inércia e partia. Depois eram as paradas nas estações intermediárias, dava tempo de descer e comer pastel ou empadinha com café ralo melado. O trem parava para a máquina beber água, a noite descendo triste, agora era a luz do holofote iluminando para a frente e os milhões de fagulhas espalhando galáxias efêmeras pelo céu...

Da porta da estação, Lavras aparecia uma cidade encantada, adormecida, ninguém na rua; as poucas pessoas que apareciam eram sombras indefinidas, vultos que se moviam no escuro. O casario mal se via, as sombras das casas aparecendo borradas à luz mortiça das lâmpadas que se esforçavam por iluminar com o seu brilho de velas que ameaçavam se apagar.

Procurávamos um carro de aluguel. Minha mãe simplesmente dizia ao *chauffeur*: "Para o sobrado...". Nenhum deles jamais perguntou: "Que sobrado? Qual é o endereço?". Todo mundo sabia o que era o sobrado. Havia outros. Mas apenas aquele era "o sobrado". Minha mãe estava feliz. Estava retornando ao ninho, à casa da sua meninice e juventude, a "sua" casa...

CIDADE CATÓLICA

Lavras tinha sido uma cidade católica. Mais importante que sua localização na geografia dos homens era sua localização na geografia divina. Como era conhecimento comum inquestionável, Dante escreveu sobre isso, a geografia divina dividia o universo em três partes. Nas alturas, o céu, morada da Santíssima Trindade e dos anjos de luz. Nas funduras, o inferno, morada do Diabo e dos anjos de trevas. No meio, encruzilhada de caminhos, estava a terra. Pois Lavras, como todas as cidades do mundo, estava localizada precisamente na encruzilhada entre os caminhos infernais e os caminhos celestiais. Em Lavras se decidia o destino eterno dos homens. Era também conhecimento comum inquestionável que Deus Todo-Poderoso havia colocado os caminhos celestiais sob a guarda de Igreja. A Igreja tinha o monopólio de todos os pedágios que levavam aos céus. E o preço do pedágio eram os sacramentos que padres e bispos ministravam como se fossem o próprio Deus (daí o nome "vigário", que é aquele que tem o poder para realizar funções de um outro). Deus havia dado uma procuração plena aos sacerdotes. Assim, era também conhecimento comum inquestionável que "fora da Igreja não há salvação". Sem Igreja, sem padre e sem sacramento ninguém ia para o céu.

Todo mundo acreditava. Todo mundo era católico. Todo mundo tinha medo do inferno. Os padres, em suas batinas pretas e chapéus pretos redondos, eram a presença do próprio Deus. Mas a epifania do divino acontecia de forma especial quando o senhor Bispo aparecia para uma visita pastoral. Com a presença do Bispo, os céus ficavam mais próximos da terra. Era uma comoção! O que todos queriam não era ouvir o Bispo; era ver o Bispo, chegar perto do Bispo, tocar o braço do Bispo, beijar o anel do Bispo. O toque do Bispo era mágico, cheio de poder celestial.

Todo mundo queria ter o senhor Bispo como hóspede à sua mesa. Sucediam-se banquetes pantagruélicos, leitoa, lombo, pernil, frango assado, frango com quiabo, frango ao molho pardo, frango com ora-pro-nóbis, tutu, arroz, biscoitões e pães de queijo acabados de sair dos fornos de barro, isso sem falar nas sobremesas, fios-de-ovos, papo-de-anjo, engorda padre, arroz-doce, boquinha de moça, doce de abóbora, doce de figo em calda, de pêssego, goiabada... O senhor Bispo não podia recusar. Seria indelicadeza. E nem comer pouco. Ele nem bem terminava o tutu mole com torresmo e a anfitriã que rodeava a mesa o servia de novo, sem pedir licença. As mulheres jamais se assentavam à mesa. Ficavam de pé, rodando, vigiando para que nenhum prato ficasse vazio, num vai-e-vem entre a sala e a cozinha. À mesa assentavam-se os homens, o marido, o senhor Bispo, e os sempre silenciosos filhos. Essa ordem não era arbitrária. Não era invenção de mineiros. Era uma ordem teológica, eclesial. Pois a Igreja sempre soube e pregou que as mulheres são servidoras. É no serviço obediente e silencioso que as mulheres encontram sua remissão espiritual por haverem comido do fruto proibido. Por isso, por razões teológicas, é que as freiras servem aos padres e aos bispos. Naquela sala de jantar, homens assentados, sendo servidos pela mulher em pé, celebrava-se um pequena liturgia dedicada à ordem imutável do universo.

A barriga do Bispo crescia. Se hoje as barrigas grandes são olhadas com desdém, naqueles tempos eram olhadas com orgulho, eram sinal de saúde, à semelhança do orgulho com que os musculosos hoje exibem seus bíceps e peitorais. Uma esposa, comentando a barriga do seu marido, diria orgulhosa: "Tá sacudido! Tá gordo que nem um capado...". Boa mulher era aquela que engordava o marido. Sinal de que na mesa se serviam prazeres. Sinais dos prazeres na cama, só as barrigas das mulheres...

A fama da barriga dos clérigos vem de longa data. Lutero chegou a observar que há dois lugares na Igreja que não podem ser tocados: a tiara do Papa e a barriga do monge...

Se o senhor Bispo era sagrado, sua barriga também tinha de ser. O tamanho da barriga do senhor Bispo revelava o tamanho do amor de suas ovelhas. Frequentemente a barriga e gorduras adjacentes criavam problemas na hora de montar a cavalo. Por mais que se apertasse a barrigueira, ela não aguentava o peso do montante, e o arreio girava no corpo do cavalo e o cavaleiro ia para o chão. Para se evitar esse vexame, um homem forte segurava a cabeça do arreio, no lado de lá.

As visitas do senhor Bispo eram curtas. Ele tinha muitas outras ovelhas em outros apriscos. Muitas almas perturbadas necessitavam do seu poder. Tinha de se despedir. Chegava então o dia da partida. Grande tristeza. Terminavam os banquetes. O céu ficaria mais longe. O senhor Bispo, em suas vestes de cor púrpura, ajudado pelo homem que segurava a cabeça do arreio, montava o seu cavalo e percorria ruas da cidade, numa bênção derradeira. Atrás da montaria do senhor Bispo, caminhava um séquito de mulheres beatas que choravam e gritavam enquanto arrancavam os seus cabelos, como demonstração de desespero. Não poderia haver demonstração maior de fé católica que esse espetáculo. Como disse, Lavras era uma cidade católica.

De todos os tempos do ano, o mais católico era a Quaresma. Quaresma é o tempo quando Deus está fraco e o Diabo está forte. As hostes do mundo das trevas estão soltas. Seres infernais assombram o mundo. A Mula-sem-cabeça, que soltava fogo pelas ventas, entre todos era o assombro mais temido. Sempre havia alguém que jurava havê-la visto numa rua escura. De noite era perigoso sair. Ninguém se atrevia. Especialmente nas proximidades do cemitério. Na Quaresma as almas penadas saíam dos túmulos. A alegria estava proibida. Havia de se ser solidário com a tristeza de um Deus que morria. Silenciavam-se os sinos e todos os instrumentos de música. O que se ouvia era o barulho seco das matracas, ferro contra madeira, e o zunido dos berra-bois nas noites, que uivavam ao vento como se fossem gemidos dos condenados. As famílias se reuniam em torno do fogão para contar casos de assombração e para rezar. Chegava então a Semana Santa, as procissões vagarosas, o Cristo carregando a cruz coberto de roxo, ensanguentado, a banda de música tocando a marcha fúnebre ao ritmo grave das tubas. Todos caminhavam contritos e silenciosos em passo de enterro. As mulheres, as mais compungidas, equilibravam pesadas pedras na cabeça, penitências pelos pecados do mundo. Era preciso sofrer para ficar junto a Deus.

Verdade é que o Diabo por vezes se metia entre os fiéis e fazia das suas. Tal como aconteceu numa procissão em que se conduzia o Nosso Senhor dos Passos: a cabeleira do santo enroscou nos fios de eletricidade, provocando um curto-circuito que incendiou a cabeleira. Os carregadores do andor ficaram com medo, puseram o andor no chão e deixaram o Senhor dos Passos sozinho com sua cabeleira ardendo.

Mas então chegava o Sábado de Aleluia. Cristo ressuscitou! Deus derrotou o Diabo! A tristeza virava folia! Tudo era festa, música, cantoria gritada, sanfonas, violões, as moças namorando de longe com os olhos, a cachaça, todo mundo reunido na praça para ouvir a leitura do testamento do Judas e para se vingar daquele que traíra Jesus com um beijo. Um boneco do Judas, amarrado a um pau, recheado de bombinhas, explodia. Os foguetes estouravam anunciando a alegria! E era a farra de subir no pau-de-sebo... Passado o Sábado de Aleluia, a vida voltava à sua rotina normal, até a Quaresma do ano seguinte.

MEU AVÔ E MINHA AVÓ

Meu avô se chamava Evaristo, capitão Evaristo. Suas origens são obscuras. A pesquisa genealógica esbarrou num tal de João de Deus que vivia lá pelas bandas de Tiradentes. Esse João de Deus era homem religioso e bom, prova disso sendo o fato de que ele criou um menino, filho bastardo, não se sabe de quem. Outros afirmam o contrário, que João de Deus era na verdade o pai do dito menino, possivelmente por uma relação pecaminosa com alguma mulher escravizada.

Sexo com a excelentíssima esposa era coisa rara, precedido de pedidos de licença e desculpas, só para cumprir o mandamento eclesial de gerar filhos para completar as populações dos céus e dos infernos. Não sei se se usavam os lençóis com um buraco bordado no meio. É possível. Esposas excelentíssimas não gozavam. Cada coito era uma humilhação. Será daí que surgiu a palavra "coitado"? Coito com escravizada não era pecado. Está justificado nas Sagradas Escrituras. Sara, a mulher de Abraão, ordenou-lhe que dormisse com sua escrava Hagar. O que ele fez obedientemente. Segundo Santo Agostinho, esse coito com a escrava foi totalmente santificado porque Abraão o fez por dever, sem prazer. Se esse foi o caso, então, o sangue azul da família estava misturado com sangue negro.

Da descendência dessa criança bastarda de sangue negro nasceria o menino Evaristo Alves de Azevedo, filho do capitão Silvestre Alves de Azevedo.

Que era uma família católica não há dúvidas. O nome Silvestre dado ao meu bisavó era o nome do santo do dia do seu nascimento, 31 de dezembro. E é sabido que o capitão Silvestre enviou o seu filho Evaristo para o seminário Caraça, onde viveu interno por anos. Nas minhas fuçanças nos baús do Quarto do Mistério, encontrei uma carta assinada pelo seminarista Evaristo Alves de Azevedo em que pedia dez tostões ao pai para comprar uma batina nova. Felizmente ele desistiu da sua vocação sacerdotal. Se não o tivesse feito, se tivesse vivido como um casto sacerdote, é possível que muitas almas tivessem sido salvas do fogo do inferno pelos sacramentos que ele teria administrado. Mas eu não teria nascido e não estaria, neste momento, a escrever estas memórias.

A família Alves de Azevedo desenvolveu uma inteligência comercial que a fez prosperar nos negócios – a loja do capitão Evaristo era a mais bem sortida das redondezas –, dando-lhe a ousadia que o levou a empreendimentos progressistas, como foi o caso da navegação do rio Grande a que já nos referimos.

Pelos indícios que possuo, concluo que a inteligência da família do doutor Jorge, pai de minha avó, tomou outros caminhos. O doutor Jorge não era católico. Ele considerava a Igreja uma fonte de superstições e de atraso. Era kardecista e respirava os ideais evolucionistas darwinianos e republicanos do positivismo. Há testemunhos duvidosos que afirmam que ele, nos anos em que viveu em Portugal a estudar, teria passado algum tempo na prisão em virtude de ter-se metido em demonstrações políticas antimonarquistas.

Tinha relações privilegiadas com a política. Seu irmão, doutor Quintiliano, era motivo de orgulho da família, por ter sido governador da província de Minas Gerais. Uma das obras mais importantes da sua administração foi a construção de um magnífico chafariz em Ouro Preto, que foi inaugurado com a presença do imperador dom Pedro II. Se não me engano, o chafariz ainda está lá, vertendo água.

O doutor Jorge, meu bisavô, amava as árvores. Herdei isso dele. Colocou a sua casa no meio de um imenso parque cheio de árvores que ele mesmo plantou. Acho que ele queria viver isolado; suas idéias eram muito diferentes, não havia com quem conversar.

Por vezes penso que, numa escala evolutiva, as árvores são superiores a nós. Não sei o que o kardecismo do doutor Jorge teria a dizer a esse respeito. Elas permanecem tranquilas de dia e de noite, sob o sol ou sob a chuva, no frio e no calor. São tranquilas até para morrer. Alberto Caeiro viu nelas símbolos da felicidade e nos aconselhou a ser como elas: "Sejamos simples e calmos como os regatos e as árvores, e Deus amar-nos-á fazendo de nós belos como as árvores e os regatos, e dar-nos-á verdor na sua primavera e um rio aonde ir ter quando acabemos!". Contemplar uma árvore é uma oração tranquilizante.

São felizes no que são. Uma paineira não quer se transformar em laranjeira! Se quisesse, seria uma árvore neurótica. São felizes onde estão. Não pensam em viajar de férias. Só viaja de férias quem está infeliz onde está.

O doutor Jorge plantou muitas árvores: palmeiras, tipuanas, jatobás, ipês, eritrinas... Mas, de todas as árvores que plantou, as mais amadas foram as magnólias, cor de carne, pudicas, que, à semelhança de Eva no Paraíso, escondem sua cor de carne atrás de folhas. Inutilmente, porque da sua carne sai um perfume embriagante.

Plantou também uma mata de jabuticabeiras, nem sei quantas... Primeiro vêm as flores brancas perfumadas, do rés do chão até a ponta dos galhos. Depois vêm as abelhas. Finalmente estufam-se do tronco, dos galhos, as frutas negras, túrgidas de um leite doce que explode com um estalo dentro da boca quando mordidas. Depois da chuva, as jabuticabeiras de bolinhas pretas faíscam ao sol. Jabuticaba é Minas Gerais...

Afirmam os kardecistas que o seu filho doutor Augusto Silva, médico, continua a realizar até hoje o seu ministério de curar. Foi o que me disse um motorista de táxi, em São Paulo. Gosto de conversar com motoristas de táxi. O começo é sempre o mesmo. "Você nasceu aqui?"

"Não, nasci em Macuco, lugarejo de Minas, perto da represa de Itutinga, tão pequeno que ninguém conhece."

"Mas eu conheço", respondi. "Meu irmão foi engenheiro na construção da barragem. E minha família é de Lavras, bem perto de Macuco."

"Lavras?", ele perguntou surpreso. Aí explicou com solenidade: "Lavras é a cidade de um espírito de luz muito poderoso. Era médico enquanto vivo, o doutor Augusto Silva".

Aí eu arrematei para aumentar o seu espanto:

"O doutor Augusto Silva era meu tio..."

A filha do doutor Jorge se chamava Delminda. O normal era que as moças fossem educadas para o casamento e para isso aprendessem as prendas domésticas. Se fossem de famílias abastadas, às prendas domésticas se acrescentavam as artes, o piano, a cítara, o bandolim, a pintura. Quando se recebiam visitas e nos saraus musicais, os pais se orgulhavam de que as filhas tocassem piano. Pois a Delminda, ao lado das prendas domésticas e artes que lhe devem ter sido ensinadas, tinha interesses curiosos para uma jovem de uma cidade do interior. Gostava das estrelas... Relata-se que era costume seu levantar-se durante as noites para contemplar o céu. Gostava também das tempestades. Em dias de chuva forte, raios e trovões, quando os mais valentes ficavam com medo e rezavam a santa Bárbara, a Delminda ia para a janela da sala admirar a chuva que caía e os relâmpagos e seus trovões.

OS AMERICANOS

Mas acho que o doutor Jorge amava mais a educação que as árvores. Para haver árvores é preciso que haja o amor às árvores. Se assim não fosse, como explicar que ele tenha vendido o seu paraíso de árvores a um grupo de missionários protestantes dos Estados Unidos, para que nele fizessem uma escola para meninos e meninas? Não vendeu por precisão. Vendeu por ideal.

Esses americanos foram para Lavras fugindo da peste, a febre amarela que assolou Campinas a partir de 1889. A morte andava solta. Quem podia fugia. A cidade ficou deserta. Aí fugiram também os missionários.

O padre, um alemão, ficou indignado ao saber da chegada dos apóstatas. Galo que canta sozinho no galinheiro se ressente quando outro galo chega e começa a cantar diferente. Tratou de insuflar os católicos para um "auto-de-fé" sem fogueira, só com pedras. Foi preciso que o capitão Evaristo o impedisse. Frustrado o "auto-de-fé", o padre alemão pôs-se a espalhar boatos sobre os americanos protestantes. Uma empregada da dona Carlota Kemper, havendo ouvido o padre, resolveu tirar a prova. Pôs-se a observar os pés da patroa. Dona Carlota notou e ficou intrigada. "Por que a senhora olha tanto para os meus pés?", perguntou.

A empregada, meio constrangida, respondeu: "Estou vendo se o padre falou a verdade. Ele disse que os protestantes têm pés de bode...".

Numa coisa o padre alemão estava certo: os protestantes eram gente diferente. Tolerantes, delicados, generosos e justos na sua relação com as pessoas, eram implacáveis com eles mesmos, quando o que estava em jogo era a sua relação com Deus. Com Deus não se brinca. Com Deus não havia jeito de "dar um jeito". Deus cuidava pessoalmente dos seus negócios, não havia delegado seus poderes a ninguém, fosse igreja ou sacerdote, não precisava de santos que o ajudassem, não admitia intermediários e lobistas. Seus olhos estavam bem abertos e tinha sua contabilidade de pecados sempre em ordem. Deus, com seu olho aberto, morava no superego dos protestantes. O resultado era que a sua consciência doía muito. Todo protestante verdadeiro, dos bons, é perseguido pelo sentimento de culpa. Jamais mentiam. Deus estava vendo. Palavra de protestante valia.

Os católicos, ao contrário, não tinham superego nem consciência que lhes tirasse o sono. Viviam numa farra. Deus estava no céu, muito longe, ouvindo os coros angelicais. Quem cuidava da terra eram os santos, que compreendiam as fraquezas dos homens e eram complacentes. Não só permitiam tudo como também ajudavam, desde que seus protegidos não se esquecessem de pagar suas promessas. Pinga, malandragem, jogo, cigarro de palha, visitas às casas das putas, um tirico no barrigão de algum desafeto do partido oposto... Tudo se permitia ao fiel protegido pelo santo que ia à missa aos domingos, confessava e tomava os sacramentos.

"*No sertão até velório é festa*", proclamou o Riobaldo. Velório católico era festa, desculpa pra beber o morto, prova de amizade, passar a noite inteira em conversa fiada, prova de estima, comer pastéis e bolinhos que as mulheres fritavam no fogão aceso, prova de tristeza. Quem tem defunto tem de pagar a festa...

Velório protestante não era festa: nem pinga, nem conversa fiada, nem bolinhos e pastéis. Chegada a hora de dormir, despachavam todo mundo de barriga vazia, fechavam a casa e deixavam o defunto sozinho na sala. Será que eles não sabiam que era perigoso deixar o defunto sozinho de noite? Pois o Diabo, vendo o morto sem vivos que o velassem, podia roubar o seu corpo e levá-lo para o inferno.

Pra resolver qualquer problema, os protestantes iam à Bíblia. A Bíblia era a Palavra de Deus, inspirada de capa a capa, caminho da salvação, norma de vida. O que a Bíblia manda fazer tem de ser feito. O que a Bíblia manda não fazer não pode ser feito. Os católicos achavam que Bíblia era coisa do Diabo. Era mais seguro acreditar no padre.

O doutor Gammon, homem bonito que provocava suspiros, era o reitor da escola. Aos domingos, ia a Ribeirão Vermelho, uma cidadezinha às margens do rio Grande, distante oito quilômetros de Lavras. Ia lá para pregar a Palavra de Deus. Fazia a pequena viagem num tílburi. Domingo, de manhã bem cedo, um empregado ia ao pasto, pegava o cavalo e o atrelava ao tílburi e lá ia o doutor Gammon pela estradinha de terra. Dona Carlota era rigorosa observadora do domingo. O seu zelo era tal que se alguém lhe entregasse uma carta no dia de domingo ela a abriria só na segunda-feira. Percebeu que o doutor Gammon estava incorrendo em grave pecado. Chamou-o e repreendeu-o. Ele estava transgredindo o quarto mandamento, que manda santificar o sétimo dia: "Não farás nenhum trabalho, nem tu, nem teu filho, nem tua filha, nem o teu servo, nem a tua serva, nem o teu animal, nem o forasteiro das tuas portas para dentro" (Êxodo 20:10). Não sei se por temor à lei de Deus ou temor à dona Carlota, o fato é que daquele dia em diante, aos domingos, o empregado descansava, o cavalo descansava e o doutor Gammon se cansava. Ia a pé para Ribeirão Vermelho...

O SOBRADO

O sobrado dominava a praça, que era um bosque cheio de árvores, ipês, tipuanas e palmeiras, muitas delas plantadas pelo doutor Jorge. Na frente passava o bonde que percorria a rua principal, tão comprida que diziam que Lavras era cidade de uma rua só. Ao lado ficava uma igreja colonial, velhíssima, onde moravam andorinhas e morcegos que faziam suas revoadas ao entardecer e no início da noite.

No sobrado, tudo era grande. As portas, grandes na largura, grandes na altura, grandes na grossura. Dir-se-ia que eram portas para deixar passar gigantes. Os corredores, largos demais, longos demais. E o pé-direito das paredes era muito alto.

O sobrado tinha cinco portas. As duas portas da esquerda eram portas da barbearia. As duas portas da direita eram portas do armazém. A porta do meio, porta de gigantes, de duas bandeiras, era a porta de entrada. Ali o ar tinha o perfume dos perfumes da barbearia. A qualquer hora. Passada a porta de entrada, caminhando-se pelo corredor, ao nos aproximarmos da escada, o cheiro de perfume era substituído pelo cheiro de mofo que vinha dos cômodos permanentemente fechados e úmidos. À esquerda estava a escada, um primeiro lance com onze degraus, um segundo lance com treze degraus, divididos por um patamar. Terminada a escada, à direita, estava a sala de visitas. Duas portas no mesmo batente. A porta exterior, de madeira, era outra porta de gigantes. A segunda, interior, mais delicada, tinha caixilhos de alto a baixo com vidros coloridos importados, vermelhos, azuis, amarelos, verdes. O teto barroco, abaulado, era decorado com frisos dourados. No ângulo do fundo, o piano Pleyel e seus candelabros. Um conjunto de sofá e cadeiras de palhinha, produto artístico do artesanato local do século XIX. Consoles e mesas de mármore com jarras de cristal. Eu imaginava que o enorme e pesado espelho pendurado na parede dos fundos, sobre o sofá, pudesse cair sobre uma visita... Sempre vazia. Só eu dentro dela, olhando as coisas. O espaço provoca estranhas deformações. Sentia-me menor do que eu era. Nos grandes espaços, os homens se apequenam. Como a Alice no País das Maravilhas: uma hora era ela tão grande que quase não cabia no quarto, outra hora ela era tão pequena que parecia um ratinho.

Mas eu sabia, por estórias que me contaram, que nos anos da riqueza aquela sala fora palco de muitas festas, as chamas das velas refletidas nos espelhos e nos cristais dos lustres. Se, do final da escada, se virasse para a esquerda, era de novo um corredor largo que conduzia ao ventre da casa. Caminho interditado às visitas de cerimônia. Não deveriam passar da sala de visitas, lugar das delicadezas, das cerimônias, do cuidado com as palavras, do café com sequilhos. A sala de visitas era imperativa. O arranjo dos móveis não dava lugar a dúvidas. Os visitantes deveriam assentar-se nos lugares designados. Ali não havia lugar para imprevistos. Tudo estava em ordem. Cada coisa no seu lugar.

À esquerda do corredor ficava o Quarto do Mistério. Ao final do corredor a sala de jantar, com oito janelas envidraçadas dando para o poente. Vi muitos pores de sol através delas. As janelas eram emolduradas por uma trepadeira onde, à noite, os gambás passeavam com seus olhos brilhantes, olhando curiosos e sem medo as pessoas reunidas na sala. A pintura das paredes, a óleo, de um verde suave, era adornada, bem no alto, por uma franja de miniaturas, obra de um artista, cenas marinhas e bucólicas. Num lugar do assoalho, próximo a uma coluna de madeira, havia uma argola de ferro pregada às tábuas largas cuja função nunca me foi explicada. Talvez ninguém soubesse. Minhas fantasias infantis me faziam imaginar que ali, em outros tempos, se amarravam escravos. À direita, um console de mármore com uma bilha de barro cheia d'água e copos. Um relógio carrilhão estava pendurado na parede, olhando para o poente. Ao lado do relógio uma porta que levava ao quarto de badulaques. O quarto de badulaques era um quarto do mistério ainda aberto ao público. Ao centro, uma grande mesa onde, em tempos de riqueza e de família grande, se serviam as refeições. Para se ir de um quarto a outro, passava-se por dentro dos intermediários. Havia neles um aveludado e discreto perfume de urina, resultado de milhares de noites de urinóis cheios que eram esvaziados pelas manhãs em procissão, cada pessoa carregando discretamente o seu, na direção do banheiro, tarefa humilde que, em outros tempos, fora realizada pelas escravizadas. Fui testemunha de algumas colisões de urinóis sem grandes consequências, a não ser o susto e o barulho metálico dos penicos. Por que, em vez dos urinóis, as pessoas não se serviam do banheiro, eis aí uma pergunta para a qual nunca obtive resposta. Acho que se tratava de um hábito dos tempos em que a "casinha" ficava do lado de fora da casa e dava medo ir lá fora durante a noite. O dito odor era tão natural que nem me dava conta de que era cheiro de urina. Só me apercebi disso muitos anos depois. Não era ruim. Ele era parte do espaço, ao lado das cadeiras, das camas, das mesas de cabeceira, dos quadros.

Da sala de jantar saía um outro corredor, na direção da cozinha e do banheiro. Nele havia três quartos. No primeiro, dormia um tio. O segundo era o de hóspedes, onde ficávamos eu e minha mãe. O último, na verdade, não era um quarto. Era usado como copa. Lá ficavam o grande filtro, a máquina de fazer sorvete, abandonada, mesa e cadeiras onde se faziam as refeições, e um enorme armário branco, onde, na parte superior, se guardava um jogo de porcelana inglesa que nunca foi usado e, na parte inferior, se guardavam bananas-prata. O cheiro das bananas-prata, amarelas, pintadas de preto, enchia o corredor de alegria. Até hoje as bananas-prata são as minhas preferidas. Uma banana-prata bem madura com um copo de leite gelado é um manjar digno dos deuses...

Depois vinha a cozinha, com um enorme fogão de ferro. Por fim o banheiro, com uma privada artisticamente decorada, importada da Inglaterra, e duas banheiras. A banheira dos homens era normal, com os tradicionais pés de galinha sobre bolas. A banheira das mulheres, nunca vi igual. Ela se parecia com uma poltrona grande, muito grande, de encosto reclinado e assento afundado. As pernas de quem tomava banho ficavam pendentes, do lado de fora. Não sei as razões por que as mulheres ganharam banheira tão estranha. Talvez fosse para impedir que algum homem tomasse banho nela. O importante era que os homens tomassem banho numa banheira e as mulheres tomassem banho na outra banheira. Seguro morreu de velho. Todo cuidado é pouco.

Depois do banheiro, ao final do corredor, havia a escada escura e estreita, lembro-me do cheiro de mofo, que levava à antiga senzala, à horta, ao jardim. Os pátios eram calçados com pedras grandes, lisas, arredondadas. E no jardim havia camélias, roseiras, dálias, resedás, cravos, morangos e um pé antiquíssimo de jasmim do imperador, que Guimarães Rosa declarou ser, de todas, a flor mais querida pelo seu perfume de pêssego. O primeiro pátio dos escravos teve um uso inesperado que o tornou famoso. Veio um circo para a cidade que interrompeu o tédio da vida. Foi um rebuliço na vida da cidade. O único assunto era o circo. Os homens conversavam reservadamente nas barbearias e armazéns sobre as trapezistas em roupas mínimas que faziam o coração deles bater descompassado. Nunca haviam visto coisa igual na vida. E as fantasias os enchiam de vida nova. Mas havia um artista sobre o qual todos conversavam abertamente: um elefante. Os donos do circo, temerosos de que o entusiasmo das pessoas que se aproximavam viesse a perturbar o bicho e temendo por sua segurança, trataram de encontrar um lugar onde ele pudesse estar seguro. Encontraram um único lugar: o pátio dos escravos do sobrado do meu avô...

AS REGRAS

As regras não eram ditas. Todos as sabiam, embora ninguém as tivesse enunciado. Os horários eram rígidos. Às 7h25, café com pão e manteiga. Às 11h10, almoço. Às 13 horas, cafezinho. Às 15 horas, frutas da ocasião: mangas, jabuticabas, laranjas. Às 17h15, jantar. Às 20h45, chá.

Ao almoço havia um costume curioso para o qual não tenho explicação, posto que não pertence às tradições mineiras. Terminado o almoço com sobremesa, colocavam-se na mesa xícaras de chá. Vinham então café, leite quente, chocolate, pão, manteiga, bolachas e todo mundo se servia. Procurei, mas ninguém soube me dizer as origens de tão estranho costume. Tive, então, de inventar minha própria explicação.

A Gigi, tia mais velha por nome Georgina, desde menina sofria de um problema na coluna. Pois ela aprendeu inglês e aos dezoito anos viajou sozinha para se tratar nos Estados Unidos, em Wilmington. A viagem era de vapor. Levava quase um mês. Ela contava que uma peça do navio se quebrou em meio à viagem e tiveram de ficar parados em alto-mar, esperando que as oficinas do navio fizessem uma outra. O tédio era imenso naquela solidão azul. Os tubarões se aproximaram do navio e ficavam rodando, à espera... Pois os cozinheiros, para se divertirem sadicamente, cozinhavam abóboras que jogavam ao mar, sendo abocanhadas inteiras pelos tubarões. A abóbora fervente se abria no estômago de peixe, que saía saltando como um louco...

A Gigi passou um ano nos Estados Unidos e voltou de lá com vários aparelhos de fisioterapia que ficavam no seu quarto.

Os americanos têm o costume de acompanhar suas refeições com canecas de café ralo. Vão bebendo enquanto comem... Imaginei que a Gigi tivesse aderido ao costume e o implantado no sobrado, como um sinal a mais de sua diferença. Os mineiros pensaram logo em melhorar o café ralo americano, e acrescentaram chocolate, leite, bolachas e manteiga. Foi a única explicação que me apareceu.

Note-se que as laranjas das 15 horas eram chupadas de gomo, segundo o ritual já descrito. Contaram-me que as pessoas realmente cerimoniosas, especialmente as senhoras, achavam impróprio que se colocasse uma jabuticaba inteira na boca para estourá-la com uma mordida, como os homens faziam. Delicadas, elas abriam-nas, uma a uma, cortando-as com uma faca.

Por que a rigidez dos horários? O Ismael me contou que certa vez houve um atraso de quinze minutos na hora do jantar, o que provocou uma pequena comoção doméstica. Acho que a rigidez dos horários tem a mesma função que a rigidez das batidas do coração. Quando o coração bate no tempo certo, a gente tem a certeza de que tudo está bem. Mas, se ele começa a bater fora de hora, algo não está bem. Os horários rígidos eram o bater do coração do sobrado, dizendo que tudo era como sempre tinha sido.

Cada pessoa sabia precisamente o que deveria fazer e não se permitiam trocas de papéis.

A atividade mais importante da vida do Geninho era dar corda ao carrilhão da sala. Ninguém se atrevia. Todo mundo sabia que só ele sabia. Normalmente o pêndulo ia ao ritmo de metrônomo. Aí ele começava a tocar arrastado, pastoso, como fala de bêbado. Era a hora de dar corda.

Sua segunda atividade consistia em lustrar os sapatos. Para isso, apoiava o sapato na canastra do seu quarto, perto da porta. O lugar onde ele apoiava o sapato estava afundado pelas centenas de vezes que ali havia raspado os sapatos, para o lustro das escovas.

Seu outro momento com o relógio acontecia precisamente às cinco para as nove da noite. Ele entrava no seu quarto, tirava seu relógio de ouro, guardado numa caixa, trazia-o para junto do rádio ligado na BBC, e aguardava as batidas do Big Ben. Quando soavam as doze badaladas vindas de Londres o seu relógio marcava nove horas. Ele sorria triunfante. O seu relógio estava certo...

Curioso que sua vida girasse em torno dos relógios. O tempo é uma taça vazia que pode ser cheia de vida. Mas a sua vida era uma taça vazia, todos os dias as mesmas coisas. Assim, dez minutos a mais, dez minutos a menos, não faziam diferença. Para ele, o objetivo dos relógios eram eles mesmos. Ele era um colecionador de taças vazias. Nunca se atreveu a amar por medo de sofrer.

Todas as atividades estavam determinadas, de quem trocaria o sabão de bola do lavatório, pendurado numa correntinha, a quem cortaria com uma faca o jornal que serviria de papel higiênico. Só vim a conhecer papel higiênico em rolo que se compra no mercado na minha adolescência. A despeito disso, gozo de boa saúde.

Cada morador levava o seu urinol cheio, pelas manhãs, do quarto para o banheiro. Era uma longa caminhada que atravessava o sobrado inteiro. Era regra que não era dever dos mijões e das mijonas esvaziar os urinóis diretamente no vaso da privada, embora fosse o mais lógico. Os urinóis eram colocados juntos, em fila, encostados à parede logo antes da porta do banheiro. Esvaziar os urinóis no vaso, isso era dever da empregada.

Revelar sentimentos era estritamente proibido. A revelação de sentimentos tem um potencial perturbador, podendo causar mal-estar nos circunstantes. Cada um deveria guardar seus sentimentos dentro de si, protegidos por máscaras. Seria uma quebra insuportável da etiqueta familiar perguntar a um irmão ou irmã sobre os seus sentimentos. Uma casa sem sentimentos é uma casa onde não há brigas. Nunca ouvi uma única palavra mais áspera pronunciada no sobrado.

A regra de ouro a ser obedecida era: "Jamais ofender". Muitos sapos eram engolidos para não ofender. Uma de minhas tias, a mais jovem, tomou emprestada de uma irmã mais velha uma pulseira de ouro e brilhantes para ir a um baile de carnaval. A irmã mais velha sabia que não se deve ir com pulseiras de ouro e brilhante a bailes de carnaval. O certo teria sido que ela dissesse "não". Mas é preciso não ofender. No baile, ela perdeu a pulseira. Ela nunca comentou o fato com a irmã que a emprestara e a irmã nunca lhe perguntou pela pulseira. É preciso não ofender.

A maneira mais segura para não ofender é manter distância: distância afetiva e distância física. Assim, não havia abraços apertados que revelassem sentimentos, mesmo depois de uma longa ausência. Quando visitávamos o sobrado, minha mãe e eu, o encontro das irmãs era celebrado com apertos de mão. Um cumprimento de mão, um tapinha no ombro, um sorriso sem graça. Beijos, jamais. Não se sabia o que era um beijo.

Raro, mas acontecia entre os homens, o cumprimento ser com o braço esticado, braço e antebraço em linha reta, sem fazer ângulo no cotovelo. As mãos se apertavam fortemente enquanto o braço duro mantinha a distância, impedindo a aproximação. O que não era mau, em casos de mau hálito...

Quando, por algum acidente, alguém ficava ofendido, dizia-se que "deu o cavaco". De uma pessoa que ficava ofendida à toa dizia-se que era "cavaquista". Não me perguntem sobre as origens dessa expressão. Ignoro se esse "cavaco" refere-se a uma lasca de lenha ou a um cavaquinho, instrumento musical. Não importa. A compreensão das expressões não depende da compreensão do sentido de cada uma de suas palavras.

É curioso como as famílias criam o seu próprio léxico, expressões que só elas entendem. Como é a caso da expressão "vou dar o coque", compreendida apenas pelos membros mais velhos da minha família. "Coque" é uma pancada na cabeça de alguém, especialmente das crianças, com a articulação dos dedos da mão fechada. Justificavam-se os coques como medidas educacionais corretivas. A origem da expressão "dar um coque" é a seguinte. Havia uma família aparentada que tinha uma filha que não batia bem. (Qual a origem dessa expressão "bater bem"?) Entre suas manias, a mais curiosa era esta: ela tinha de dar um coque na sua mãe, todo dia. Um psicanalista logo invocaria o complexo de Édipo: o que a moça desejava era matar a mãe para ficar com o pai. Mas naquele tempo não havia psicanalistas. Foram feitos todos os esforços possíveis de razão e persuasão para pôr um fim ao castigo diário da mãe, um suplício de Sísifo. Inutilmente. Por fim, a mãe desistiu e achou melhor se conformar. Aceitava o coque diário sem reclamar. Mas havia uma coisa que ela não suportava: o "suspense". O coque não tinha hora certa, vinha em momentos imprevisíveis. Para pôr fim ao suspense, a mãe ia até a filha, abaixava a cabeça e dizia: "Filha, dá o coque logo". Dadas essas explicações sobre a gênese do coque compreende-se o seu sentido.

Era regra também que só se davam presentes úteis. Brinquedos, nem pensar. Seria perda de dinheiro e deseducativo. As crianças eram adultos pequenos. Ganhei muitos sabonetes, muitos lenços, muitas meias...

O CASAL

Segundo testemunhas fidedignas, não há registro de que meu avô capitão Evaristo e minha avó dona Delminda jamais tenham trocado palavras em público. Quais as palavras que trocavam nos rituais secretos de coito não sei dizer. Ou o coito seria realizado no silêncio? Trata-se de uma imaginação inútil, porque não há testemunhas desses eventos. Mas a imaginação insiste: o que falavam?

Parece que eles se detestavam. Com razão. Não existe forma mais segura de fazer com que duas pessoas se odeiem que prendê-las numa mesma casa. Já sugeri, inclusive, uma alteração na liturgia do casamento: no lugar onde se diz "até que a morte os separe" que se diga "até que a casa os separe". Os casamentos eram negócios arranjados pelos pais, que eram proprietários dos seus filhos. Os sentimentos não importavam. Foi assim que aconteceu com a Mema. Impedida de realizar o seu amor por causa do "não" do capitão seu pai, ela aceitou sua desdita sem uma única palavra de revolta. Nunca mais saiu do sobrado, mirrou e morreu solteira. Nunca se queixou, nunca deu aparência de amargura e colocou toda a sua ternura nos sobrinhos, que a adoravam. O sorriso dela era muito bonito.

Diz o meu irmão, que assistiu aos últimos momentos do capitão Evaristo, que ele a chamou e segredou algumas palavras no seu ouvido. Ninguém ouviu. Só ela. Quais teriam sido suas "últimas palavras"? Não é descabido imaginar que suas últimas palavras tenham sido um pedido de perdão.

É conhecimento de todos da minha família que o capitão Evaristo podou um pé de camélia que havia sido plantado por sua mulher. Não tenho informações sobre a extensão dessa poda. Mas a cena, vista com os olhos da psicanálise e graças à figura poética da metonímia, sugere que o pé de camélia era a minha avó. Pois não fora ela que a plantara? O pé de camélia não era objeto do seu amor? O capitão Evaristo, ao podar a camélia, cometeu um assassinato simbólico. A vítima foi minha avó.

A vingança da minha avó foi terrível e estúpida. Deu um cavaco cósmico. Passou dezessete anos sem ir ao jardim. Ao relatar esse incidente à minha analista didática, doutora Judith Andreucci (por ocasião de sua morte dediquei-lhe a crônica "Pôr de lua"), ela comentou: "Mas, doutor, isso é mais fascinante que *Cem anos de solidão*..."

Esse meu relato parece contradizer o que disse sobre as regras de convivência no sobrado. Não contradiz. É como no teatro: o que acontece no palco nada tem a ver com o que está acontecendo nos bastidores. A palavra "teatro" quer dizer "aquilo que é para ser visto". As regras valem para o teatro da família, as cenas públicas, que todos vêem. Nos bastidores, não há regras.

Ninguém conhecia a minha avó pelo seu nome Delminda. Os filhos não a tratavam por "mãe", mas por Dodoca. Já as pessoas da prateleira de baixo a chamavam de dona Mindoca.

Era uma pessoa sem senso de humor, autoritária, intransigente, arrogante, que tinha um sádico prazer em alfinetar as pessoas que a contrariavam. Gostava de caçoar, recurso que muito se usava naqueles tempos.

Não tinha vocação nem para as obrigações da casa nem para a maternidade. Prova disso é o fato de todos os seus filhos terem sido criados por escravizadas. As estórias que minha mãe me contava, ela as ouvira da Iaiá, escrava forra que a criou. A Iaiá lhe contava estórias que falavam de Angola. Também nunca aceitou o papel de avó. As crianças lhe eram um estorvo. Nunca me pegou no colo, nunca me contou estórias, nunca conversou comigo, nunca me deu um presente, mas várias vezes apertou meu braço com força. Não, não é verdade. No único momento de ternura de que me lembro, ela me levou ao quarto de badulaques, abriu as portas de um altíssimo armário de madeira que ela mantinha trancado a chaves e me deu um porquinho que fora brinquedo de um dos filhos que morrera ainda criança. Há pessoas que são duras por terem medo que a ternura as amoleça.

O quarto de badulaques era o quarto onde se punha tudo que não cabia no resto da casa. Ele se distinguia do Quarto do Mistério porque sua porta estava sempre aberta. Nele havia um armário cheio de livros que me encantavam, inclusive uma rica coleção de livros de Shakespeare, capa vermelha, bordados a ouro, papel de seda, que herdei. Mas o livro que mais me fascinava era um livro artesanal, grandes páginas de tecido vermelho, no qual estavam coladas gravuras. Eu passava horas vendo aquele livro.

O capitão Evaristo amava a vida, o prazer, as mulheres, os bailes, a comida, o vinho, o carteado. Dono do cinema, gostava de se exibir dando concertos de pianola enquanto o filme não começava. Frequentava o Rio de Janeiro, onde era presença costumeira num dos muitos cafés que existiam no térreo do tradicional Hotel Avenida, onde hoje está o edifício

Avenida Central. Quando ele entrava, a orquestra parava o que estava tocando e se punha a executar sua música favorita: "Ça c'est Paris".

Em Lavras não perdia os bailes de sábado no Hotel Central. Dona Mindoca ficava furiosa. Não existe coisa que enfureça mais a parte raivosa de uma dupla do que saber que a outra parte está se divertindo. Muitos casais que se odeiam não se separam por não poderem suportar a idéia da liberdade feliz do outro. Ficam juntos a vida inteira pela insuperável felicidade de fazer da vida do outro um inferno. A vovó suspeitava que o vovô tinha uma namorada no Hotel Central, uma moça novinha, sua parceira favorita de danças, chamada Madelu. É certo que ele gostava de mulheres e havia mesmo um empregado da loja encarregado de arranjar suas parceiras. O ódio da vovó, que exercia o controle ideológico da família, contagiava as filhas. Elas sabiam que algo acontecia entre o seu pai e as mulheres, mas não sabiam direito do que se tratava. Tudo ignoravam sobre o que acontecia na intimidade de um homem e uma mulher. Sabiam que era indecente. Mas nem sabiam o que era indecência. No sobrado, nunca se falou em sexo. Certa vez, contando a uma de minhas tias que um touro havia aleijado um homem com uma marrada, ela reagiu indignada: "Mas, afinal de contas, para que serve um touro?" – pergunta que pode ser traduzida como "Para que serve um homem?"

Quando um dos netos, já mocinho, voltava ao sobrado depois do baile no Hotel Central, ela perguntava com ar de deboche: "Você viu um palhaço por lá?".

O vovô, no sobrado, estava sempre sozinho. Os filhos não o procuravam para uma conversa mole. Talvez tivessem medo da vingança da mãe, se eles se mostrassem amigos do pai. Quem gosta do pai é porque não gosta da mãe.

Mas o capitão Evaristo não se intimidava. Fazia realizar num dos cômodos térreos do sobrado um carteado regado a vinho e cerveja. Ah! A felicidade de estar entre amigos longe dos olhos da megera. Os participantes, para não se afastarem da mesa do jogo, usavam garrafas vazias para esvaziar a bexiga. Consta que numa manhã um empregado da loja foi mandado ao cômodo do carteado para arrumar a bagunça. Vendo uma garrafa de cerveja aberta ainda cheia de líquido não resistiu à tentação. Virou um gole na boca. O que o teria levado a comentar: "Não é à toa que o povo diz que cerveja tem gosto de urina...".

Tudo o que fosse prazer para o vovô minha avó detestava com ódio completo. Se por acaso uma garrafa de vinho caísse em suas mãos, o destino imediato do vinho era a pia da cozinha. O capitão podava camélias. Dona Delminda esvaziava garrafas de vinho. As formas de odiar são infinitas.

Era costume que o filho mais velho fosse escolhido para trabalhar com o pai, cuidando dos seus negócios. Os filhos mais novos, esses iam para as capitais para se formarem doutores. Coisa injusta. Os filhos mais novos viviam na capital com o dinheiro do pai, só por conta de estudar, e o primogênito ficava junto ao pai sem as delícias da capital e sem as honras do diploma de doutor.

O capitão, sabendo da injustiça que estava sendo feita ao seu filho primogênito, e no desejo de compensar, lhe disse:

"Filho, peça o que você quiser..."

O filho ficou sem saber o que pedir. Poderia pedir um automóvel. Ou uma casa. Talvez uma viagem à Europa. Indeciso, resolveu aconselhar-se com a mãe, da mesma forma como Salomé aconselhou-se com sua mãe Herodias. Os conselhos se pareciam. Nada de automóvel. Nada de casa. Nada de viagem à Europa. "Peça que seu pai mande rachar a mesa da jogatina".

O capitão ficou muito triste, não pela mesa da jogatina a ser rachada, mas pela inteligência do filho.

Assim foi feito. Mandou colocar a mesa no pátio do elefante e ordenou que ela fosse rachada e transformada em lenha. Mas, enquanto a mesa estava sendo rachada, o marceneiro já estava fazendo uma outra, porque o carteado tinha de continuar.

AS PEDIDEIRAS DE ESMOLAS

Aos sábados, talvez movida pela convicção kardecista de que fora da caridade não há salvação, a vovó recebia na sala de jantar uma freguesia de pedideiras de esmolas. Sábado era o dia em que elas saíam pela cidade, de casa em casa. A vovó as recebia cerimoniosamente. Não as despachava com um pacote de macarrão. Assentava-se com elas, como faria com qualquer outra visita, e conversavam. Uma das pedideiras de esmolas era a Escolástica, que trazia pendurado ao pescoço um papo assombroso, maior do que o dela nunca vi. Era como se fosse uma meia grande, com uma bola de bilhar dentro. Quando ela andava, o papo balançava. Uma outra era a Belmirinha, baixinha, enrugadinha, de voz fininha. E tinha também a muda, muito alta, que se assentava debaixo do carrilhão, e gostava de se espreguiçar, levantando os braços. Eu olhava para a muda e tinha medo que seus braços esticados derrubassem o relógio.

COMO NASCEM OS CABELOS BRANCOS DAS MÃES

No sobrado, eu e minha mãe dormíamos no mesmo quarto. De manhã conversávamos. Foi quando notei que entre seus cabelos castanhos havia várias mechas de cabelos brancos. Fiquei ansioso. Percebi que ela não era mais jovem. Perguntei: "Mãe, por que os cabelos ficam brancos?". Ela me deu uma resposta rápida, como se já estivesse pronta, como se ela já tivesse feito a mesma pergunta à sua mãe e ela lhe tivesse dado a resposta: "Os cabelos das mães ficam brancos por causa da desobediência dos filhos. Cada desobediência é um novo fio de cabelo branco que nasce". Continuei a desobedecer. Não é possível não desobedecer às mães. As mães têm medo do vôo dos filhos.

O QUARTO DO MISTÉRIO

Era um fascínio andar por aqueles espaços enormes, agora quase desertos. Mas o que mais me fascinava era um quarto proibido, trancado o tempo todo, onde ninguém entrava. Em outros tempos, quando a casa estivera cheia de filhos e de empregadas, todos os quartos eram quartos normais, simplesmente. Mas aconteceu o que sempre acontece: os filhos se casaram, os tempos de vacas magras chegaram, foram-se as empregadas, morreram os pais, só ficaram quatro filhas solteironas e um filho solteirão. Sem uso, aquele quarto foi transformado em depósito de coisas velhas, onde não entrava nem vassoura nem espanador, porque não era preciso.

Era proibido entrar nele e a chave enorme ficava escondida. Eu compreendo a proibição. Para as tias, o quartão era o lugar das coisas feias, da poeira que se acumulava, das teias de aranha. Menino não devia brincar num lugar como aquele.

Mas para mim era o quartão do mistério. Se não houvesse mistério, a chave não ficaria escondida nem haveria a proibição de entrar. O quarto proibido é sempre aquele em que a gente quer entrar. A história dos homens é marcada pela transgressão das proibições.

Parece que a transgressão do proibido é um dos impulsos mais profundos da alma humana. "Esforçamo-nos para o proibido", dizia Nietzsche. A proibição espicaça o desejo, obrigando-nos assim a transgredi-la. Toda transgressão do proibido é uma revolta contra o monopólio do objeto do desejo por um outro. Prometeu rouba o fogo dos deuses. Adão e Eva comem o fruto proibido. Santo Agostinho roubava peras azedas do vizinho. A mulher do Barba Azul não se contentou com os 99 quartos e as 99 chaves: foi logo para o centésimo quarto com a centésima chave, o único quarto onde ela não tinha permissão para entrar. Assim somos nós, seres fascinados pelo mistério e pelo proibido.

Para entrar no Quarto do Mistério era preciso roubar a chave. Era uma daquelas chaves grandes e pretas que agora se compram nos antiquários. Pois eu roubava a chave e, silenciosamente, entrava no quarto e me trancava lá dentro. Pelo silêncio, as tias imaginavam que eu deveria estar longe, no jardim ou na rua. Mal sabiam...

O quartão do mistério era um lugar encantado. Até mesmo aquilo que as tias consideravam horror ajudava a compor a cena: a poeira acumulada sobre os móveis, as teias de aranha, o cheiro de mofo... tudo dizia que ali o tempo havia parado. O que era confirmado por um enorme relógio redondo, dependurado na parede: ao contrário do carrilhão da varanda (varanda, em Minas, era a sala de jantar), que tocava a cada quarto de hora, o relojão redondo estava parado desde sempre. Ele marcava o tempo da eternidade.

Tudo era mágico. Os objetos emergiam de um mundo de sonhos. As duas cítaras, com incrustações de madrepérola: por quanto tempo teriam estado naquele limbo de silêncio? E as paletas de pintura? Estavam cobertas com tinta dura. Qual teria sido o último toque do pincel, antes da morte? A interrupção devia ter sido repentina, pois as bisnagas de tinta endurecida ainda estavam pela metade. Já não serviam para nada, mas ainda se podia sentir o seu perfume. Um gramofone, discos velhos, revistas maravilhosas, canastras que haviam cruzado o oceano, bolsas, óculos Trotzki, instrumentos de medicina que não mais se usavam, álbuns de retratos amarelados de homens de colarinho engomado e mulheres de anquinhas.

Pilhas da revista *Em Guarda*, sobre a guerra, que eram distribuídas como propaganda pelos americanos. Lembro-me de uma reportagem: "Sargento Kelly, herói singelo". Naquele tempo, os heróis eram puros. Uma porta se abria para a rampa que levava ao sótão. No sótão, mais canastras, cheias de cartas. Uma delas era dirigida ao meu bisavó, que era tido como entendido em coisas de saúde. Era uma consulta. O missivista se queixava de que uma das suas escravizadas já tinha perdido "duas barrigadas". Queria saber o que fazer para não perder as "crias".

Era um cemitério de objetos mortos. Ninguém os usaria mais. Poderiam ter sido jogados fora. Sua falta não seria sentida. Por que não o foram? Por que não jogamos fora objetos que nunca mais usaremos? Talvez porque os amamos. As crianças não continuam a ter ternura por um ursinho velho? Os objetos abandonados são "partes arrancadas de nós". Talvez não os joguemos fora por medo de estar jogando fora um pedaço de nós mesmos... Como se disséssemos aos objetos abandonados: "Nós continuamos a amá-los...".

O encanto do proibido, o encanto dos objetos obsoletos, o encanto da solidão: lá eu estava escondido, longe do olhar dos adultos. Eles não sabiam. Era bom estar longe deles, embora fossem gentis. O Quarto do Mistério era o espaço simbólico da minha liberdade.

O RELÓGIO

Quando o carrilhão tocava a música das 8h45 da noite, era servido chá num bule de prata, coberto com um abafador. Eu começava a ficar ansioso. Estava chegando a hora do pânico, quando o carrilhão bateria 9 horas. As 9 horas provocavam pânico em todos, que se apressavam em ir para a cama como se uma grande catástrofe fosse acontecer caso se estivesse perambulando pelo sobrado às 9h15. O curioso é que esse pânico das 9 horas não era obsessão apenas dos moradores do sobrado. A cidade inteira tinha medo das 9. A praça estava cheia de moços e moças que faziam o "rela". "Rela" era o nome que se dava às caminhadas dos moços e das moças, em círculos, sempre em direção contrária, para poder "relar" uns nos outros. Mas às 9 horas, repentinamente, de um golpe só, a praça ficava vazia. Explicaram-me que esse pânico era um resíduo de tempos muito antigos, quando havia uma ronda policial que, às 9 da noite, saía para prender os vagabundos. Porque somente vagabundos poderiam estar perambulando pelas ruas àquelas altas horas da noite.

Eu tinha de ir para a cama. As luzes se apagariam. Mas eu não queria ir para a cama. Não queria dormir. Todo mundo dormiria. Só eu ficaria acordado ouvindo o ressonar e o roncar dos dormentes. E aquele maldito carrilhão batendo as mesmas músicas a cada quinze minutos... Batido um quarto de hora eu ficava à espera do próximo. Até que o cansaço me vencia. Eu tinha medo da solidão da insônia. O que incomoda na solidão da insônia não é o estar acordado. É saber que todos os outros estão dormindo. É como se fôssemos a única pessoa viva num mundo onde todos dormem.

Quando o carrilhão batia 5h30, eu já estava acordado, pronto para as maravilhas do dia. Era uma felicidade. O sol estava acabando de nascer. Eu me levantava em silêncio, para não acordar ninguém. Se alguém acordasse, daria logo a ordem para que eu voltasse para a cama... Me vestia, abria a porta do quarto vagarosamente, atravessava a sala vazia, o corredor, descia os dois lances de escada, pegava o outro corredor, tirava as trancas de ferro da porta e saía para a praça deserta. Eram momentos de indescritível felicidade. Eu e a natureza, sem nenhuma presença humana. Assentava-me num banco da praça e lá ficava, pernas penduradas, balançando... Os pássaros-pretos enchiam a manhã com a sua alegria. Faziam uma algazarra nas árvores. As palmeiras, a tipuana velhíssima, os ipês, as acácias, as murtas, o pequeno lago... Depois andava pelas ruas desertas. Naqueles tempos, meu nariz era sensível, e eu podia ir adivinhando as árvores que havia atrás dos muros de adobe: jasmim, flor do imperador, jabuticabeiras em flor, laranjeiras... Alberto Caeiro diz que "pensar é estar doente dos olhos". Aumento: pensar é estar com os sentidos doentes. O pensamento é uma estática elétrica que perturba a pureza da imagem, seja sonora (o canto dos pássaros), visual (o horizonte se avermelhando), olfativa (o perfume da murta) ou tátil (o vento frio na pele). Na minha cabeça, não havia lugar para pensamentos. Eu só gozava...

*

Passados muitos anos, voltando a Lavras de uma viagem, olhei para o outro lado da praça, através das árvores. Queria ver o sobrado. Mas, no seu lugar, havia um vazio, um monte de escombros fumegantes. Fora incendiado por um louco. De suas ruínas se desprendia um delicioso cheiro, os barrotes de pau-bálsamo ainda estavam fumegando. Esse louco, seu Lucílio, ainda pôs fogo em várias outras casas antigas. Descoberto e preso, ele alegou que fizera aquilo por amor a Lavras. Detestava as casas velhas. Lavras precisava se modernizar. No lugar do sobrado, ergue-se hoje o Banco do Brasil. Se tivesse havido sensibilidade histórica, o banco poderia ter erigido a sua sede nos moldes do velho casarão colonial. Mas não é esse o destino de todas as coisas?

Parte 6
VARGINHA

O devaneio voltado para o nosso passado, devaneio que busca a infância, parece devolver vidas a vidas que não aconteceram...

Bachelard

Meu Deus, me dá cinco anos, me cura de ser grande... Seria tão bom, como já foi.

Adélia Prado

VARGINHA

Os negócios do meu pai melhoraram ainda mais e nos mudamos para Varginha.

Nossa casa em Três Corações era uma caixa de fósforos espremida numa rua estreita, sem quintal, sem árvores, sem jardim. Nossa casa em Varginha continuou a ser uma caixa de fósforos espremida. Mas ela se abria para um espaço amplo, onde coisas incríveis aconteciam diariamente. A rua não era rua, era um pastinho coberto de grama nativa, bom pra correr, pra jogar gude, pra jogar bola, pra rodar pião, pra jogar faquinha, pra soltar papagaios, pra se fugir da mãe. O pastinho terminava nos trilhos da estrada de ferro. Quando a maria-fumaça apitava, todo mundo saía para ver.

Duas casas à direita estava a cadeia, cuja presença era ouvida todas as tardes, por volta das quatro horas, quando o carcereiro entrava nas celas e, com um pedaço de ferro, ia batendo em todas as barras das grades, terminando num glissando: tá-tá-tá-tá-tá, trrrrrrrrrrrrr. O objetivo era descobrir algum som desafinado, o que revelaria que um preso, durante a noite, havia serrado uma barra, no preparo de uma fuga. Mas a importância maior da cadeia estava no fato de que era o único lugar a possuir um telefone, daqueles de manivela. Era à cadeia que chegavam todas as notícias urgentes para transmissão imediata que não podiam esperar pela lerdeza das cartas e telegramas. Os soldados faziam as vezes de mensageiros. Recado no telefone da cadeia só podia ser coisa grave.

A cadeia, guardada por soldados preguiçosos e pachorrentos – um deles, sargento, tinha uma barriga tão grande que sentia dificuldades em andar, andava bamboleando, que Deus o tenha –, era o centro de comunicações do bairro. A importância social das funções de comunicação do telefone da cadeia em muito excedia as funções protetoras e punitivas das grades de ferro, pois os presos eram pessoas mansas que passeavam livremente pela cadeia. Usei as palavras "preguiçosos" e "pachorrentos" não como ofensa. É que eles não tinham mesmo o que fazer. Matavam o tempo jogando damas com os presos. Os presos, por sua vez, matavam o tempo fazendo brinquedos, caminhõezinhos e rodas de madeira, chamadas "rodeiras", para os nossos carrinhos de rolimã, que não eram de rolimã, eram de rodeira, porque, se fossem de rolimã, ficariam atolados na terra fofa ou no barro.

Foi nessa casinha que meu irmão agarrou inadvertidamente a canela da Astolfina durante a noite da morte da minha avó Sophia. Mais além, depois dos trilhos do trem, estava a Igreja do Mártir São Sebastião, três paineiras enormes, velhíssimas, um outro campo de chão batido que às tardes se enchia de meninos e adultos soltando papagaios, e o virador de locomotivas.

É possível que vocês nunca tivessem pensado nisso: uma locomotiva não pode sair dos trilhos. Não pode manobrar como os automóveis. O que fazer para que uma locomotiva, apontada numa direção, passe a apontar para a outra, quando surgia a necessidade de viajar na direção contrária? Pois para isso existia o virador, uma espécie de ponte giratória onde a locomotiva entrava para ser virada à força de braços, ação que contava com a colaboração voluntária e entusiasmada da meninada da redondeza. Todos queriam ajudar. Todos queriam dizer: "Ajudei a virar a máquina!". Criança jamais é preguiçosa. Preguiça em criança é sinal ou de doença ou de que ela não quer fazer aquilo que os grandes querem que elas façam.

MEU PRIMEIRO FURTO

Nas suas *Confissões*, tidas como um dos mais profundos documentos autobiográficos jamais escritos, Santo Agostinho confessa a sua vocação prematura para o furto. As pessoas que pensam pouco resolvem o problema do furto com rapidez, classificando-o ou como pecado ou como crime. Santo Agostinho, ao contrário, tomou o furto como objeto de suas meditações psicológicas e teológicas. O desejo de furtar é universal. Todos temos o desejo de furtar. Se assim não fosse, não haveria razão para o mandamento que diz "Não furtarás". Os mandamentos marcam o lugar de um desejo profundo da alma que não deve ser realizado. Sobre tais desejos o mandamento coloca um "não".

As Sagradas Escrituras dizem que a epopéia humana se iniciou com um furto. Havia, no Éden, um fruto sedutor que não poderia ser comido. Seduzidos pela serpente, Adão e Eva fizeram o que lhes fora proibido: colheram o fruto e o comeram, para se tornarem como os deuses. A mitologia grega também coloca um furto em nosso começo: Prometeu furtou o fogo, propriedade dos deuses, e deu-o aos homens. Assim, um psicanalista estará dando demonstração de não conhecer a alma humana se não colocar seus objetos mais queridos em lugar seguro.

Porque será perfeitamente compreensível que um paciente, possuído pelo amor transferencial, deseje levar o seu terapeuta para casa, representado no objeto proibido.

Santo Agostinho relata que ele e os seus amigos tinham um grande prazer em roubar peras de um vizinho, o que é perfeitamente compreensível, porque peras são frutas deliciosas. Acontecia, entretanto, que no seu pomar havia peras muito mais doces que as do vizinho. Poderia comê-las sem precisar roubar. Ele roubava as peras do vizinho, que não iria comer por serem muito azedas, e as dava aos porcos. A conclusão a que se chega, portanto, é que ele não furtava peras para satisfazer o seu desejo de comer peras. Ele furtava peras para satisfazer o seu desejo de furtar... Furtar é um prazer.

Comigo aconteceu diferente: furtei pelo desejo de comer as frutas. Aconteceu assim. A casa ao lado da minha tinha um quintal imenso, com muitas árvores frutíferas. Perto do muro havia uma árvore de tronco liso, carregada de frutinhas vermelhas bem pequenas e brilhantes. Os donos da casa não ligavam para elas. As frutinhas vermelhas estavam entregues aos pássaros. Que inveja dos pássaros! Sem asas para comer as frutinhas, eu tinha de inventar um meio. O desejo põe a inteligência a funcionar. Meu desejo de comer as frutinhas, que depois me disseram que eram pitangas, chamou a minha inteligência. "Inteligência minha, ajude-me a descobrir um jeito de chupar as frutinhas vermelhas." A primeira inteligência a atender ao meu pedido foi a inteligência criminosa, que sugeriu que eu pulasse o muro e subisse na árvore. Mas não ouvi o seu conselho porque a prudência me disse que era perigoso. Veio então outra inteligência, atendendo ao pedido do meu desejo, inteligência de engenheiro: "Construa uma maquineta de roubar pitangas...". Já naquele tempo eu sabia as coisas que McLuhan iria saber muitas décadas depois: todo meio técnico é uma extensão do corpo. Uma maquineta de apanhar pitangas deveria ser uma extensão do meu braço. Um braço comprido artificial? Um bambu. Mas um bambu apenas não apanharia as pitangas. As pitangas cairiam no chão quando tocadas por ele. Assim, além do braço de bambu, minha maquineta de roubar pitangas deveria ter uma mãozinha: uma lata de massa de tomates amarrada à ponta do bambu seria uma boa mãozinha. Um dente na lata de massa de tomate, feito com um alicate, faria as vezes de dedo. Assim construí minha maquineta de roubar pitangas e roubei quantas pitangas quis e as comi. Nunca mais precisei usar a máquina de roubar pitangas porque seis meses depois nos mudamos para a casa onde estava a pitangueira...

Agora vejam: se, em vez de morar na caixa-de-fósforos, eu morasse na casa da pitangueira, não teria tido a chance de exercitar a minha inteligência engenharial. Bastaria que eu subisse na pitangueira. É o desejo que faz a inteligência funcionar. Ou, como diz a sabedoria popular, é a necessidade que faz o sapo pular...

MINHA PRECOCE VOCAÇÃO PARA A ENGENHARIA

No tempo da minha infância os pais consideravam sua missão cumprida quando uma dessas coisas acontecesse. Que a filha tirasse diploma de normalista. Que a filha se casasse. Que o filho tirasse diploma de médico, engenheiro ou advogado. Ou que ele conseguisse um emprego no Banco do Brasil. Cumprida qualquer uma dessas condições, os pais podiam dizer: "Podemos morrer. A sobrevivência dos nossos filhos está garantida".

Tive uma precoce vocação para a engenharia. Se eu tivesse me tornado um engenheiro, meus pais teriam morrido em paz. Os engenheiros são pessoas que se dedicam a fabricar artefatos inteligentes. Eu gostava de fabricar artefatos inteligentes e foram muitos os brinquedos que fabriquei. Foi nas minhas experiências precoces de engenheiro que aprendi a usar as ferramentas.

Dos homens dotados de inteligência engenharial, o que mais me assombra é Leonardo da Vinci. Era pintor, músico, arquiteto, urbanista, planejou máquinas fantásticas, entre elas uma máquina de voar e uma máquina de navegar debaixo d'água. Leonardo da Vinci foi uma prova viva de que a beleza e a inteligência podem andar de mãos dadas.

As primeiras manifestações da minha vocação para a engenharia se manifestaram como uma curiosidade incontrolável sobre a maneira como as coisas funcionavam. O que me conduziu a experiências desastradas. A primeira delas de que me lembro ocorreu quando eu devia ter uns 4 anos. Observando uma cristaleira na minha casa, fiquei intrigado com quatro pinos redondos de madeira, enfiados debaixo de um vidro. Retirei-os dos buracos em que se encontravam enfiados para uma observação mais aproximada, sem notar que eles serviam de suporte para uma prateleira de vidro cheia de taças. Creio que ainda não me dera conta da força da gravidade. Para meu espanto, e contrariando minhas expectativas, a prateleira não flutuou como deveria, caindo e estilhaçando-se juntamente com as taças de cristal.

Depois, eu já devia ter uns 7 anos, fiquei curioso com o relógio de pulso da minha mãe. Perguntei-me: "Como é o mecanismo que faz os seus ponteiros girarem?". A resposta a essa pergunta exigia uma pesquisa. Era preciso ver o "lá dentro". Abri o relógio. Usando uma gilete quebrada como chave de fenda, fui desatarraxando seus minúsculos parafusos e retirando as peças soltas. Infelizmente essa pesquisa não me esclareceu sobre o seu funcionamento. Restava-me, então, montar o relógio de novo antes que minha mãe aparecesse. Não consegui...

Era guerra. No rádio, ouvíamos os bipes dos telégrafos transmitindo mensagens secretas. Eu e os meus amigos resolvemos formar uma sociedade para caçar os espiões nazistas que deveriam ser muitos na cidade. Para que nossas mensagens não fossem interceptadas pelo inimigo inventamos um código secreto: gaderipoluty. Picolé se escrevia: orcpud. Mangueira: mgnaldrig. A chave para a decifração do código era: g = a, d = e, r = i, p = o, t = y. Tínhamos também uma linguagem secreta: "*Çovê tosga ed granfo onc jeifão?*" — você gosta de frango com feijão?

As regras para a permutação dos sons nunca me foram claras. Nós as aprendíamos pelo ouvido. Teríamos de aprender o código Morse. E teríamos de ter telégrafos também. Pus-me a construir um telégrafo, tirado da minha cabeça. O importante era que ele estivesse ligado à eletricidade. É através da eletricidade que as mensagens voam pelo espaço. Arranjei uns fios. Estavam descobertos. Mas que importância tinha isso? Liguei-os ao meu telégrafo. A seguir enfiei-os na tomada. Foi aquele estrondo que fez minha mãe e a Tofa virem correndo. Imaginavam que algo muito grave estava acontecendo. Acabado o estouro, os fios estavam arrebentados e soldados um no outro. Desde então passei a ter o maior respeito por fios e tomadas, especialmente em razão dos muitos choques que levei.

A SOLIDÃO

Há um momento na vida das crianças em que o que elas mais desejam é ficar livres dos olhos dos adultos. Por isso procuram a solidão. Para os adolescentes e os adultos, a solidão é o espaço do abandono. Estar sozinho em casa, numa noite de sábado, é estar abandonado, esquecido por todos. Para mim era diferente. A solidão era o espaço da minha liberdade. Na solidão eu podia entregar-me às minhas fantasias, sem que ninguém me perturbasse.

Bachelard foi um dos poucos a perceber que as crianças gostam da solidão. "A solidão da criança é mais secreta que a solidão do adulto. É no último quartel da vida que compreendemos as solidões do primeiro quartel, quando as solidões da idade provecta repercutem sobre as solidões esquecidas da infância." Se os pais, psicólogos e professores, na ânsia de educar bem, deixassem de lado por um momento os saberes científicos da psicologia e da pedagogia e se dedicassem a uma leitura vagarosa do capítulo "Os devaneios voltados para a infância", é certo que ficariam mais próximos das crianças... (Gaston Bachelard, *A poética do devaneio*, São Paulo, Martins Fontes, 1988, p. 102).

São dois os espaços da solidão infantil. Primeiro, os pequenos espaços, simbolizados pelo sonho de uma casinha no alto de uma árvore. Depois, os grandes espaços, simbolizados pela criança correndo sozinha pela campina.

No sonho da casinha no alto de uma árvore os adultos jamais entram. Nunca tive uma casinha no alto de uma árvore. Mas tive muitos "altos de árvore" que eram a minha casinha. No alto de uma jabuticabeira ninguém me achava. E havia também, no quintal, um forno de barro na forma de iglu. Eu me esgueirava pela entrada apertada e ficava lá dentro. Lá dentro não havia nada que pudesse me interessar. Havia apenas o sentimento de que eu me encontrava num lugar onde os grandes não entrariam. Lembro-me da menininha que não tinha um único lugar que fosse só seu no pequeno apartamento escuro em que vivia. Todos os espaços eram vigiados pelos olhos implacáveis da mãe. Aí ela descobriu, num canto do corredor, um taco solto. Ela transformou o espaço entre o cimento e o taco no seu refúgio secreto. Ali guardava os seus tesouros.

Guimarães Rosa amava a solidão pequena. Só se sentiu feliz quando conseguiu uma chave para o seu quarto. Mas ele amava também a solidão grande, a solidão do sertão. "Lugar sertão se divulga: é onde os pastos carecem de fechos; onde um pode torar dez, quinze léguas, sem topar com casa de morador... O sertão está em toda parte..." No sertão mora a solidão forte, sem cercas, solidão do vazio, do desconhecido. O homem só pode contar com a sua força. Gritar é inútil. Não há quem responda. Minha solidão grande, o pomar com suas árvores e sombras, os campos de capim-gordura floridos no horizonte, os pastos, os matos, os riachos, a mina borbulhante que descobri na casa humilde de um casal de negros. Ficamos amigos. Eles se alegravam quando eu aparecia. Eu ia até a mina não para beber água, mas para ver a água saindo da terra. É uma memória inesquecível. Ainda bem que as professoras não enchiam o meu tempo com lições de casa. Foi nesse tempo livre de deveres escolares que explorei a grande solidão.

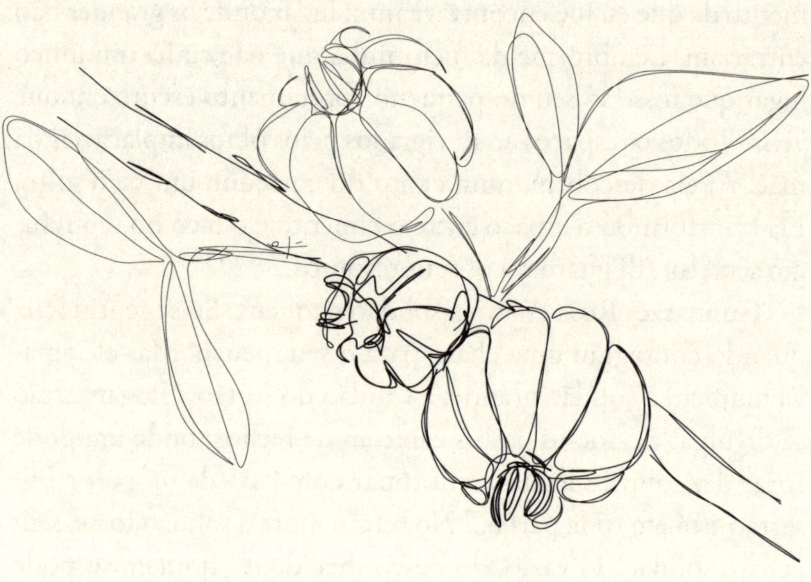

A CASA

Mudamos para a casa da pitangueira. Era enorme – para quem só conhecia caixas-de-fósforos. Muitas janelas, muita luz, um quintal com oito jabuticabeiras, uma pitangueira, quatro laranjeiras, dois limoeiros, um pessegueiro, quatro mangueiras, duas ameixeiras, duas janelas de cada lado e uma porta no meio, paredes caiadas de branco, madeiras azuis, tinta desbotada. Na frente da casa estava fincado um poste de pedra, um metro de altura, 20×20×20, que, segundo meu pai me explicou, tinha a função de impedir que os carros de bois carregados de lenha em tempos de chuva subissem nas calçadas das casas. A vida da cidade dependia dos carros de bois, porque todos os fogões eram a lenha.

A casa foi-me uma felicidade. Tábuas largas no assoalho, com muitas gretas. Através delas se via um espaço escuro, onde não se podia ir. Pelas gretas, em dias de corredeira, entravam os escorpiões. Corredeira era quando, por razões incompreensíveis, as formigas saíam dos seus formigueiros e começavam a andar pela casa disciplinadamente, como se fossem um exército em marcha. É certo que não respeitavam os escorpiões que viviam no espaço escuro a que me referi. Diante delas, os ferozes aracnídeos eram impotentes. Eram pequenas demais para o seu ferrão venenoso. Escorpião não tem medo de coisa grande. Tem medo de coisa pequena. Fugiam delas para um lugar seguro: dentro da casa.

Mas não tínhamos ansiedades. Convivíamos sem medo. A vida estava boa. Já tínhamos uma mesa de verdade. A privada tinha um buraco na louça, como se alguém tivesse deixado cair um tijolo dentro dela. Dinheiro para privada nova não havia. Mas meu pai não se apertava. Pegou um prato de sobremesa rachado e colou-o com cimento no buraco da privada. Por cinco anos foi assim. E também não tinha assento. Meu pai fez um assento com ripas. Quadrado. Por cinco anos nossos traseiros ficavam quadrados todas as vezes que fazíamos uso da privada remendada. A marca da privada, lembro-me nitidamente, era curiosa: "Pescadas". Menino, eu lia o "Pescadas" e me perguntava: "Pescar o quê? O que há dentro de uma privada que possa ser pescado?". E eu ria...

Dia de festa era quando se ia lavar o assoalho da casa. Baldes e mais baldes de água. Detergente não havia. Sabão de verdade era caro. Mas havia as pitas, plantas que cresciam nos pastos. A gente ia aos pastos para colher as folhas de pita que fariam as vezes de sabão. Em casa, as grandes e carnudas folhas eram cortadas em pedaços e submetidas a uma surra de pau que fazia com que elas secretassem uma baba pegajosa que tinha propriedades detergentes. Penso que é possível que algum desses xampus caros seja feito com baba de pita... Depois era aquela farra, a família inteira de pés descalços lavando a casa. Depois da lavação, a casa ficava fresca e perfumada.

A gente fazia uma outra coisa, todos juntos. De tarde, cuidávamos da horta. O Ismael, meu irmão mais velho, o que cortou o meu cabelo escovinha, já com cabeça de engenheiro, se encarregava de que as mudas fossem plantadas em rigorosa simetria.

Cebolinhas, tomateiros, quiabos, couves, alfaces, todos eram alinhados como um exército em parada. A terra, gorda e preta, não precisava de adubo: o adubo era produzido num buracão onde o lixo era transformado em esterco. Tinha de haver o buracão porque não havia coleta de lixo. Nos dias frios de julho, os campos de capim-gordura floridos ao longe, a Astolfina saía da cama antes que o sol esquentasse para lavar a geada branca que se acumulara nas folhas durante a noite. Se o sol esquentasse a geada, as plantas ficariam queimadas e morreriam. Ela regava todos os canteiros com um regador. As folhas dos tomateiros exalavam um perfume verde.

OS BRINQUEDOS

A aula de trabalhos manuais no grupo era um tédio. Um pedaço de tábua, o mapa de Minas desenhado, a gente passava a aula martelando um prego dentro dos limites do desenho, eu não sabia para que, só depois fiquei sabendo que os furos eram para reter a argila que viria depois. O produto final seria um mapa de Minas em alto relevo. Mas que menino estava interessado num mapa de Minas em relevo? Minha cabeça estava cheia de projetos mais audazes. Queria participar da guerra. Os gibis estavam cheios de heróis meninos, o Águia Fantasma, piloto que sempre derrotava os japoneses. Fiz canhões e espingardas com bambu e elástico. Bolei e construí uma mira de avião bombardeiro com bambu e um espelhinho. Também com um bambu fiz periscópios. E catapultas que lançavam pedras. Aprendi o uso das ferramentas e as leis de física. Aprendi que o atrito produz calor e que o calor amolece os metais. Como aprendi? Fixando as rodeiras dos meus carros de rolimã (que não eram de rolimã...) com pregos grossos. Bastava que o carro corresse por alguns metros, eu em cima, para que os pregos entortassem. Ficavam quentes. O calor amolecia os metais duros. Conclusão: as rodas do carro não podem ser fixadas com pregos, por grossos que sejam. Aprendi as leis da luz fazendo aparelhinhos de cinema. Constavam de uma caixa de sapatos, um buraco na frente, uma lâmpada dentro. A lente? Era fabricada com lâmpadas queimadas. Eram abertas pela rosca, seu conteúdo esvaziado, e cheias de água. Eram dependuradas na frente do buraco por onde passava a luz. Aprendemos logo que o filme, feito com desenhos a nanquim sobre uma tira de papel celofane, tinha de ser colocado de cabeça para baixo. E brincava de fazer bolhas de sabão: água morna numa caneca, sabão preto, um canudinho feito com talo de mamoeiro. Equilibrava um cabo de vassoura no queixo. Sobre isso fazíamos campeonato. Uns loucos entravam dentro de um pneu que um outro ia rodando morro abaixo. Eu nunca tive coragem. E fazíamos bandas de música com instrumentos feitos com talos de aboboreira. Talos finos, som fino. Talos grossos, som grosso. Havia os talos retos e os talos retorcidos. E lá íamos nós, marchando, cada um soprando do jeito que o talo permitia.

Eu queria muito ter uma sinuquinha. Comprar, nem pensar! Primeiro, eu não tinha dinheiro. Segundo, não havia sinuquinhas para serem compradas. Tinham de ser feitas. O que demandava tempo, paciência e habilidade. Primeiro era preciso encontrar uma tábua bem lisa. Depois, juntar dinheiro para comprar um pedaço de flanela que seria usado para fazer o forro da sinuquinha. A seguir, as madeiras para as tabelas. E as tiras de borracha que seriam colocadas nelas. Por fim, meias velhas que serviriam de caçapas. Eu já tinha tudo de que precisava para fazer minha sinuquinha. Resolvi fazê-la num fim de semana. Sozinho. Mas aí chegou o meu pai. Resolveu ajudar-me, sem que eu tivesse pedido. Aconteceu o desastre. Ele não sabia que o brinquedo, para ser divertido, tem de ser difícil. A bola tem de passar justinha no buraco da caçapa. Se o buraco for grande demais, é fácil acertar. Quem começa o jogo vai até o fim, sem errar. Mas acho que ele raciocinou de outra forma: "Se um buraco apertado, difícil de a bola passar nele, dá à criança um *quantum* de alegria, um buraco largo deve dar muito mais alegria". Pegou o serrote e começou a fazer buracos enormes nos ângulos da tábua. Eu implorava: "Não, pai, não...". "Fica quieto, menino, eu sei o que estou fazendo..." Ele fez a sinuquinha. Mas nunca a usei. Não tinha graça. Era muito fácil.

Mas, de todos os brinquedos, aquele que eu mais amava era o balanço. Tão fácil de fazer. Basta ter uma árvore com um galho forte na horizontal e uma corda. Nos brinquedos comuns a criança brinca com o brinquedo. No balanço é o brinquedo que brinca com a gente. O corpo inteiro goza. O vento na cara, o frio na barriga...

O meu balanço estava amarrado num galho de uma ameixeira. Quando não se sabe ainda, é preciso a colaboração de um amigo que nos empurre. Depois a gente aprende o segredo. Com sucessivos deslocamentos do centro de gravidade do corpo, o balanço voa. Ah! A alegria de tocar com a ponta do pé uma folha num galho alto! Eu fazia um monte de folhas secas à frente do balanço. A aventura que exigia coragem era pular do balanço quando ele estivesse no alto para cair no monte de folhas secas.

Depois de velho, psicanalista, dei-me conta de que um balanço é um excelente remédio para a depressão. Por experiência própria. Bastava que eu balançasse para que a tristeza sumisse. Balanço e tristeza são incompatíveis. No balanço não há passado, não há futuro. É só o presente.

Desde então, por onde vou, anuncio: "É preciso fazer balanços". Nos parques infantis, os balanços são só para crianças até 12 anos de idade. Sinto-me excluído. As prefeituras fariam bem em fazer, nas praças, balanços para os adultos. Um adulto que se assenta num balanço é porque perdeu a vergonha. E perder a vergonha é o início da felicidade.

Recebi a foto de um senhor respeitável balançando num balanço que mandou fazer no seu quintal depois que me ouviu falar sobre os poderes mágicos dos balanços. Tem a cara de uma criança. Os balanços fazem rejuvenescer.

O RÁDIO

Meu pai estava progredindo. Os sinais de riqueza começavam a aparecer, o que nos distinguia da vizinhança. Primeiro foi o telefone, número 272. Depois o Plymouth à manivela, 1929.

Meu pai parou o Plymouth na frente da nossa casa e abriu a porta gritando: "Surpresa! Surpresa!". Havia alegria na sua voz. Corremos todos para ver o que era. Dentro do automóvel estava aquela coisa incrível sobre a qual já tínhamos ouvido falar, mas que só havíamos visto nas vitrinas de lojas: um rádio. Ninguém mais tinha rádio nas redondezas. Só o alemão. Mas ninguém falava com ele. Era o tempo da guerra, Hitler estava conquistando o mundo, e as pessoas imaginavam que o alemão até podia ser um espião. Ainda mais por ser ele um técnico em rádio. Quem podia garantir que ele, do porão de sua casa, não estivesse mandando informações secretas para o outro lado do mar acerca do que estava acontecendo em Varginha? Varginha era um bom lugar para fazer espionagem... Até a polícia desconfiou, e num belo dia qualquer dois soldados e o tal sargento gordão, em uniforme cáqui, foram à casa do alemão dar uma busca, à procura de evidências de suas atividades secretas. O alemão, sua mulher e duas filhas muito brancas e sardentas viviam, assim, num total isolamento, sem se atrever a procurar a amizade de ninguém. O rádio dele era coisa que ninguém tinha visto e só se sabia da sua existência pela antena no telhado de sua casa. Com o nosso rádio foi diferente. A notícia se espalhou e todo mundo veio ver a maravilha. Caixa grande de madeira, até pegava o estrangeiro. As válvulas se acendiam, vinha o tempo de aquecimento e, de repente, a voz que vinha de muito longe: Londres, BBC, a gente ouvia o Big Ben batendo doze vezes, eram nove horas no Brasil, que coisa mais estranha que as horas não fossem as mesmas; quando é meio-dia no Brasil é meia-noite no Japão, os japoneses estão de cabeça para baixo, como é que não caem, como é que a água do oceano não chove para cima? A vizinhança ficava pasma, aí meu pai iniciava lições de geografia que ninguém entendia, a terra rodando, Rádio Belgrano de Buenos Ayres, Rádio Encarnacción del Paraguay, "Assim como o passarinho faz piu-piu, Melhoral manda a dor à puta que pariu", ZYB-2, Rádio Club de Varginha, a estação que ouvem, na voz de Silas Sampaio Moraes, que charme de voz máscula, é o Programa da Amizade, "ouviremos agora 'O palhaço Seraphim', que Godofredo oferece à Otília pelo seu aniversário, com milhões de votos de felicidades", "Oh, como é triste a história inglória do palhaço Seraphim...". Nós, de origem nobre, quem cuidava da nossa nobreza era a minha mãe, não nos misturávamos com o gosto da gentalha, Vicente Celestino e outros. Só oferecíamos valsas de Strauss, *Danúbio azul*, *Contos dos bosques de Viena*...

A GUERRA

O rádio mudou a nossa vida. Antes, a única fonte de novidades disponível era a dona Mazinha, vizinha que sempre batia à nossa porta pedindo uns pauzinhos de lenha pra pôr no fogão.

O seu nome verdadeiro era Crisóstoma, que o pai havia visto numa folhinha de igreja, no masculino: são Crisóstomo, que ganhou esta alcunha, que significa "boca de ouro", em virtude de ter sido um pregador inigualável. Mas o nome era muito complicado e foi logo simplificado para o carinhoso "Mazinha". Dona Mazinha, como o santo, tornou-se famosa também pela boca. Mas, diferente da do santo, de onde só saíam palavras sagradas, a boca de dona Mazinha se especializara em fuxicos, mexericos e mentiras. Daí o terror que ela causava em toda a cidade, visto que sua fama já havia ultrapassado o limitado espaço da vizinhança. Tão ativas quanto sua língua eram suas pernas incansáveis, que levavam seu corpo magro e encruado por toda a cidade em busca constante de novidades escabrosas que pudessem se transformar em assunto de mexerico. Tinha especial preferência por relatos de conteúdo escatológico e urinário, sobre os quais discorria sem poupar qualquer minúcia e sobre os quais nos calaremos, por pudor. Inventava as mentiras mais deslavadas e as enunciava sem se enrubescer. Apenas como uma amostra de sua engenhosidade imaginativa pode ser citada a explicação que ela ofereceu a uma vizinha para o fato de haver na sua casa uma única lâmpada, que pendia na sala, na ponta de um fio. Embaraçada por esta evidência de pobreza e iluminada pela analogia com a vela, que a gente acende e leva acesa para onde se deseja, ela declarou, sem pestanejar: "Sou esperta. Não me aperto. Quando quero ter luz num dos quartos, acendo a lâmpada aqui na sala, desatarraxo e levo ela acesa para o quarto...".

A janta era às cinco. Depois o pai punha as cadeiras de vime na calçada, e ali, agachados no capim que crescia na praça, alguns vizinhos se reuniam para contar casos. Mas logo baixava a escuridão, a gente entrava, não tinha o que fazer, e o remédio era ir para a cama. Foi o rádio que nos informou que a vida continuava noite adentro. Terminada a sessão de casos, a gente entrava, não para dormir, mas para o mundo novo das novelas, a *Rosinha*, caboclinha inocente seduzida por um conquistador da cidade, *Rosa de sangue*, que levava a gente para os salões de baile de Viena, onde se dançavam as valsas de Strauss e se ouvia o ruído dos sabres dos nobres, e para o mundo dos programas de caipira, Alvarenga e Ranchinho, Jararaca e Ratinho, a escolinha do Nhô Totico.

Com o rádio a vida se globalizou. O mundo entrou para dentro de casa. As batalhas aconteciam na sala. Meu pai me mostrava os lugares das batalhas num mapa da Europa pregado na parede da sala de visitas, com alfinetes indicando os pontos das linhas de frente. Cada alfinete pulsava com sangue. Nos alfinetes os moços matavam e morriam, obedecendo às ordens dos velhos. Aquele mapa era como a carne de uma pessoa ferida.

A guerra passou a ser o assunto preferido também das conversas à volta das cadeiras de vime, e todos tinham o seu jeito de recontar o que estava acontecendo.

"E Stalingrado continua a resistir", dizia o Carlos Frias no seu programa de rádio, com sua voz misturada aos pistões roucos da *Moonlight Serenade.* O que levaria o Zé, filho da dona Mazinha, participante assíduo das conversas, a comentar:

"Pois é. Hoje, à meia-noite, vão mudar o nome de Stalingrado para Hitlerlogrado..."

Não, não era piada, era coisa séria, para ser acreditada, como se fosse notícia acabada de sair de dentro do rádio. Meu pai baforava o seu cachimbo, sorria concordando, e a fumaça azulada transformava as fantasias em realidade.

Até que veio a notícia que a todos congelou. Até ali guerra era coisa que acontecia muito longe, do outro lado do mar, sobre a qual a gente inventava casos.

Eles moravam na casa da esquina, a melhor casa da praça. Tinha alpendre com grade de ferro, escadas, um jardinzinho ao lado com um pé de manacá, romã, folhagens. Quase nunca saíam de casa. Não recebiam visitas. Não batiam papo na rua. O máximo era um delicado cumprimento, de longe, com um sorriso discreto. Deles ninguém tinha qualquer queixa e nem mesmo a língua venenosa de dona Mazinha conseguira lambê-los. Não se sabia de onde tinham vindo. Só os dois, um casal já mais velho. O máximo que se podia fazer era imaginar as razões por que eram assim tão diferentes, tão estranhos, tão ausentes. Talvez tivessem sido atingidos por algum golpe cruel do destino e isso os tivesse levado a se afastar de tudo e de todos, sofrendo silenciosamente e em segredo a sua dor. Talvez o seu mistério se devesse a isto: que julgavam que ninguém merecia ouvir a sua estória, que se a ouvissem não compreenderiam. Aquela casa guardava um segredo. E era assim que a gente se sentia, ao passar pela sua calçada, ao sentir o cheiro do manacá, ao cobiçar as romãs que se abriam. Mas nenhum menino jamais se atreveu a pular o muro e invadir aquela casa de mistérios para furtar uma.

"O *Bahia* foi torpedeado por um submarino alemão, nas águas das nossas costas. Pouco se sabe sobre os sobreviventes", anunciou o rádio.

A guerra distante chegou perto de nós, à casa da esquina da praça. O filho do casal misterioso estava no *Bahia*, e não se sabia se ele era um dos sobreviventes.

As pessoas chegavam às portas e às janelas, procurando algum sinal que viesse da casa. Uma janela que se abrisse, um rosto que aparecesse, um choro que se ouvisse. Mas nada. Continuavam os dois como sempre tinham sido, vivendo a sua dor infinita no abandono da sua solidão. Era como se não existíssemos. Só o meu pai não ficava espiando. Sentou-se ao lado do rádio com uma estranha obstinação, e virava o ponteiro de uma estação para outra. Até que, de repente, levantou-se com um pulo, saiu correndo pela porta da frente sem nenhuma palavra de explicação, atravessou a linha da estrada de ferro, correu em direção à casa proibida, entrou portão adentro sem bater, subiu as escadas e bateu à porta com toques firmes. Foi o marido quem abriu (lá dentro estava escuro; lembro-me bem, pois corri atrás do meu pai). Ele olhou sem dizer uma única palavra.

"Ele está vivo!", meu pai gritou enquanto ria. "Acabei de ouvir pelo rádio. Ele está vivo!"

De novo ele não disse nada. Só tomou as mãos de meu pai entre as suas e as beijou. O seu nome era Aristides.

A guerra não chegou à escola. Era como se não existisse. Fazíamos contas de aritmética, decorávamos nomes de rios e montanhas, fazíamos desenhos e os coloríamos com lápis de cor.

Ter uma caixa de lápis de cor era uma felicidade! Desenhar e colorir me davam grande prazer, as árvores em especial, nos seus vários tons de verde. E líamos estórias. O que era bom. Lembro-me de uma estória que me dava grande tristeza. Era sobre uma loja de brinquedos onde havia bonecas de todos os tipos, todas deitadas dentro de caixas, com os olhos fechados. De noite, fechada a loja, as bonecas acordavam, saíam das caixas e faziam uma grande festa. Mas, quando o dia raiava, elas voltavam de novo para as caixas. Eu ficava triste, vendo-as deitadas com olhos fechados. Era como se estivessem mortas. Depois de adulto reescrevi essa estória, de um jeito diferente, para curar a minha tristeza. A única vez em que a guerra entrou na escola foi quando fizeram uma campanha patriótica para coletar metais para o esforço de guerra. Mas o resultado foi desastroso. A meninada, na ânsia de ajudar, catou tudo quanto era lata enferrujada largada nos quintais de suas casas, latas de massa de tomate, de sardinha, de doce, produzindo uma montanha de latas velhas enferrujadas que não serviam para nada. Valeu pela limpeza nos quintais.

A gasolina acabou. Havia duas alternativas. A primeira, mais simples, era guardar os automóveis nas garagens, suspensos sobre tocos de madeira, para poupar os pneus. E fazer o que se fazia antes: andar. Meu pai guardou o dele e nunca mais o usou. Foi o seu último automóvel. A segunda era o gasogênio. O gasogênio era uma fornalha de produzir gás que se fixava na traseira do carro. Não me lembro bem, mas creio que era constituído de um cilindro metálico de cerca de 1,20 m de altura por 30 cm de diâmetro. Na parte de cima colocava-se carvão. Na parte de baixo, fogo. O fogo queimava o carvão, que se misturava com água, produzindo o gás que era usado como combustível.

O açúcar acabou também. Isso, sim, foi catástrofe. Sem gasolina a vida continuava do mesmo jeito. Mas como é que a vida nas Minas Gerais poderia continuar sem açúcar? As mulheres, doceiras de nascimento, ficaram sem matéria-prima. Não tinham como fazer doces. Perderam a identidade. Violeiros sem viola... Os fogões onde se faziam os doces ficaram apagados. Os tachos de cobre, depois de limpos do zinabre azul com limão vermelho e fogo, se tornaram objetos de adorno, pendurados nas paredes. As refeições ficaram mais tristes sem sobremesa de doce de leite, doce de cidra, doce de mamão, doce de abóbora, doce de coco, doce de figo, doce de pêssego, doce de laranja – com queijo fresco. E já não tinha tanta graça enrolar cigarro de palha sem o café ralinho adoçado com muito açúcar. Alguns tiveram a idéia de derreter as balas que sobraram nas vendas. Mas elas logo acabaram. Havia a sacarina, de um doce esquisito amargo, pra lá de ruim. Aí o meu pai voltou de uma de suas viagens com ar de mistério. Fez suspense. Abriu a mala e tirou de dentro dela um embrulhinho bem amarrado. Aí ele o desfez com cuidado. E o que é que estava dentro dele? A coisa que não existia: açúcar, meio quilo de açúcar! "Metade é para a dona Lilisa", ele disse. Dona Lilisa era uma velhinha fofa, cabelo branco, voz mansa, mãos mais macias que as dela nunca vi. Aí, no dia seguinte, nos vestimos de forma condizente com o grande evento e, vagarosamente, meu pai, minha mãe e eu subimos até a casa da dona Lilisa. Lá meu pai lhe entregou cerimoniosamente aquele presente de preço incalculável: 250 gramas de açúcar...

A PAINEIRA

Depois da janta, os homens se reuniam para contar estórias e lorotas enquanto pitavam. A meninada se misturava. Era debaixo de uma paineira enorme, barriguda, com um oco no tronco. Eu imaginava que naquele oco deveriam viver criaturas encantadas que só apareciam depois da meia-noite. Meia-noite era hora do medo, sinistra. Por isso, à meia-noite, todo mundo tem de estar em casa, com portas e janelas trancadas, na cama. Um menino afirmava, categórico: "À meia-noite eles soltam a bicharada...". Nunca perguntei quem eram "eles". Essas entidades noturnas foram também objeto do pensamento de Jorge Luis Borges. Dedicou um dos seus ensaios a uma dessas bestas que, em inglês, se chama *nightmare*, palavra que traduzida literalmente é "égua da noite", uma égua que galopa durante a noite. Galopa onde? Nos sonhos. São os pesadelos. Pesadelo é uma égua desembestada no sono.

A paineira ficava ao lado dos trilhos do trem cujos marimbondos de fogo saíam da chaminé da maria-fumaça e chamuscavam suas folhas e flores. Quando a paineira florescia e suas flores caíam, nós, crianças, as transformávamos em exércitos de soldados com penachos na cabeça.

Os serões masculinos eram um festival de mentiras. E todo mundo sabia que era lorota. Mas ninguém desmentia. Era falta de educação. O corpo, mesmo sabendo que é mentira, fica todo arrepiado. Eu gostava de estar na roda dos mentirosos que acreditavam nas mentiras. Só muito mais tarde compreendi que não se tratava de um festival de lorotas. Tratava-se de uma oficina de literatura. Porque literatura se faz com coisas que não existem. "O que não existe é mais bonito."

UMA CRIANÇA CHORA

O mundo me espantava. Tanta coisa interessante! Tanta coisa pra fazer! Se houvesse psicologia naqueles tempos, acho que me classificariam como hiperativo. Sem psicologia para complicar, explicavam a minha agitação como sendo "a crise dos 7 anos". Falava sem parar. Falava tanto que meu irmão Ismael chegou a pagar-me uma pratinha de dois mil-réis para que eu ficasse calado por dez minutos. Fiquei. Mas, enquanto o tempo passava, fui ficando indignado com aquela humilhação, o meu silêncio comprado. Passados os dez minutos me disseram: "Pode falar. Os dez minutos já passaram". Não falei. De birra continuei mudo. Aí eles insistiam: "Fale!". Eu não falava. Começaram a ficar aflitos, com medo de que algo grave tivesse acontecido comigo, que eu tivesse ficado mudo. Foi então que o Ismael ofereceu-me outra pratinha para que eu falasse. Falei.

Eu acordava antes de o sol nascer e me punha a andar pela casa fazendo barulho para ver se os grandes acordavam. Eu não entendia as razões por que eles preferiam o sono ao mundo.

Mas de noite vinha a escuridão, o mundo sumia, tudo virava sombra, as coisas interessantes do dia me abandonavam. Era então que a égua noturna começava a sua correria. Sempre o menino da mata, "ô menino", e o eco respondendo "ô menino", e o menino sozinho na noite escura anunciando "Olha os pastéis de carne e de queijo...". E eu? Eu ficava triste e começava a chorar baixinho. Não adiantaria chorar alto. Os grandes não entenderiam. Eles se ririam do meu sofrimento. Os grandes não entendem os sofrimentos das crianças.

Numa dessas noites de choro baixinho, eu pensava: "O que será de mim quando eu estiver sozinho no mundo? O que será de mim quando eu crescer?".

Acho que eu chorava porque a solidão da cama devia me ter feito pensar que um dia eu estaria sozinho no mundo, sem ninguém para cuidar de mim. Eu era o menino da mata, o menino que vendia pastéis.

Minha mãe ouviu o meu choro. Assentou-se na cama e quis saber as razões. Aí eu criei coragem: "Mãe, quando eu crescer, como é que eu vou arranjar dinheiro? Como é que eu vou viver?".

Ela tentou tranquilizar-me. Não conseguiu. E aí me surgiu uma solução. "Já sei!", eu disse. "Poderei ganhar a vida rachando lenha ou mexendo com meus papéis..." Quem rachava lenha para nós era o seu Zé, que trabalhava o dia inteiro, suando com machado e enxada, e ao final do dia ganhava uma pratinha de dois mil-réis. Quem mexia com papéis era meu pai, viajante, que estava sempre às voltas com pedidos que ele "daquitilografava" (era assim que ele falava, "daquitilografar") em sua Smith-Corona portátil. Essas perspectivas me tranquilizaram.

Aí comecei a chorar de novo. "E, mãe, quando eu crescer, como é que vou arranjar uma mulher para mim?"

ANJOS

Minha educação angelical começou muito cedo. Tomei minhas primeiras lições num salão de barbeiro. Havia lá um calendário tranquilizador: uma paisagem bucólica, um menino e uma menina, irmãozinhos, pés descalços, pelas trilhas da floresta, sozinhos, é possível que sua mamãe os tivesse mandado entregar uma cesta de frutas e queijos à vovozinha que morava no outro lado da floresta, prestes a atravessar uma frágil pinguela sobre um abismo. Era tão fácil cair! Mas não havia razões para temer. Protegia-os um anjo de beleza forte e brancas e enormes asas. Com um quadro daqueles na parede, os pais e as mães podiam dormir tranqüilos. Era o Anjo da Guarda que, segundo se acredita, continua a guardar as criancinhas que atravessam pontes nas florestas. Pergunto-me o que terá acontecido com eles. Haverá anjos da guarda encarregados de proteger as crianças nas ruas? É preciso que um artista pinte o quadro.

Numa loja de sírios, aprendi sobre os pés dos anjos. O senhor humilde se aproximou do balcão e pediu:

"Um pé-de-anjo número 29."

Seu Nagib entendeu imediatamente. Trouxe-lhe um par de tênis brancos. Só que, naqueles tempos, ninguém conhecia a palavra "tênis". Era pé-de-anjo. É fácil compreender por quê. O maior orgulho dos pais católicos beatos era que a filha desfilasse na procissão vestida de anjo, o que era o terror dos patos, cujas penas eram arrancadas sem dó nem piedade para a confecção das asas dos seres celestes. Inúteis eram os grasnados dos patos. Patos não têm anjos da guarda que os protejam dos seres humanos. Branca a grinalda, brancas as asas, branco o vestido... os sapatos teriam de ser brancos também. Pé-de-anjo.

Depois foi na escola dominical da igreja protestante, que eu frequentava contra a vontade. Me faziam cantar um hino que dizia: "Eu quero ser um anjo, um anjo do bom Deus, e imitar na terra os anjos lá do céu". Foi então que se manifestou minha vocação para a heresia. Pensei que o hino estava errado: se Deus me fizera menino era porque ele queria que eu fosse menino. Aquele hino era um desafio à vontade divina. Deus queria que eu fosse menino. Mas os religiosos eram mais piedosos que o próprio Deus e queriam que eu fosse anjo. Eu não queria ser anjo, pois achava que vida dos anjos devia ser muito chata. Os anjos obedecem sempre às suas mães. Preferi continuar a ser menino.

MATEI UMA ROLINHA

A gente nasce com alma de caçador? Acho que sim. Caça é desafio. Pegar o que não pode ser pego, que corre mais, que voa nas alturas dos céus, que se esconde no fundo dos rios... Se não pode ser pego, como é que é pego? Aí entra a inteligência, a artimanha, o engano. O caçador é um enganador. O passarinho, é só chegar perto que ele bate as asas e voa. Bachelard lamentou-se dizendo que nós, seres humanos, perdemos a confiança dos pássaros. O Chico até cantou para advertir a passarada: "Ei, quero-quero, oi, tico-tico, anu, pardal, chapim, xô, cotovia, some, rolinha, anda, andorinha, te esconde, bem-te-vi, voa, bicudo, voa, sanhaço, vai, juriti, bico calado, muito cuidado que o homem vem aí, o homem vem ai, o homem vem aí".

Mas eu era menino. Não sabia dessas coisas. Queria um passarinho pra mim, tinha de ser na gaiola, outro jeito não havia, queria cuidar dele e dizer "O meu passarinho...".

Era um desafio: pegar o passarinho que não se deixa ser pego. Primeiro, o homem aprendeu a jogar pedras. Uma pedra que se lança é uma mão que voa. Depois imaginou uma armadilha: uma arapuca com bambus e embira. Quem inventou a arapuca era muito inteligente. Feita a arapuca, que é uma caixa para prender o passarinho, há dois problemas. Primeiro: como convencer o passarinho a entrar debaixo da arapuca? Aprendi do bruxo D. Juan que o caçador não é aquele que sabe fazer a armadilha. É aquele que sabe o hábito da caça. Um dos hábitos de um passarinho – rolinhas, canários-da-terra – é comer quirera. É o seu ponto fraco. A arapuca sozinha sem quirera jamais pegaria um passarinho. Ponho quirera dentro da arapuca e um pouco em volta da arapuca, para o passarinho ver. Mas não basta atrair o passarinho e convencê-lo a entrar debaixo da arapuca. Ela precisa cair para prendê-lo. Para isso, há uma artimanha: a arapuca fica de boca aberta graças a uma forquilha e um trançado de pauzinhos no chão. Um desses pauzinhos é fatal. Se o passarinho o tomar como poleiro e pisar nele, a arapuca cai e o passarinho fica preso. Pois o bobinho sobe no pauzinho pra comer a quirera e a arapuca cai. Era uma vez um passarinho que voava. Isso acontece tanto na vida da gente... O desejo é o nosso ponto fraco, calcanhar de Aquiles. Agora o menino pode pegar na sua mão o passarinho que não podia ser pego. É um triunfo da inteligência. Tudo na caça é isto: artifícios técnicos para pegar o que não quer ser pego. Redes, anzóis, covos, visgos, flechas, fundas, zarabatanas, estilingues, espingardas. Pois eu estava com o meu primeiro estilingue. Estilingue é um aperfeiçoamento do ato de jogar pedras: mais pontaria, mais força, maior alcance. A construção de um estilingue passa por várias fases. A primeira delas é a busca de um gancho, que deve ser um Y perfeito, simétrico, não muito aberto, não muito fechado. Essa busca demora dias, de jabuticabeira em jabuticabeira. A seguir, é preciso tirar a casca do gancho e alisar as pontas. Segunda fase: encontrar duas borrachas boas, o que se conseguia indo às borracharias (hoje se compram as borrachas nas farmácias). Terceira fase: visitar um sapateiro pedindo-lhe para cortar um courinho para estilingue.

Nenhum sapateiro achava ruim. Eles também já haviam sido meninos. Fase final: amarrar as duas borrachas nas pontas do gancho e no courinho. Está pronto o estilingue. Tudo isso se fazia por conta própria, sem intervenção de pai ou de mãe, sem dinheiro, só com as mãos, os olhos, um canivete Corneta e o pensamento. Parte da brincadeira era construir o brinquedo. Com o brinquedo na mão vem a segunda fase: a caça. Fui para o quintal da minha casa, cheio de árvores. Pus-me à procura. Vi uma rolinha pousada num pé de laranja-lima. Longe, uns quinze metros de distância. Não havia possibilidade de acertar, porque a pedra, para ir até a rolinha, teria de ser lançada numa curva, uma parábola. Apontei o estilingue. Disparei. A pedra fez a curva. E o impossível aconteceu: acertou. A rolinha caiu. Fiquei horrorizado. Eu não queria matá-la. Eu estava só brincando de caçador. Corri até ela. Ela se debatia no chão, agonizante. Tive a impressão de que ela me olhava. Ela morreu. Eu a enterrei. Essa lembrança me faz pensar numa experiência semelhante que Albert Schweitzer teve com os estilingues. Parece que, no mundo inteiro, os meninos nascem caçadores. Ele relata um incidente acontecido quando tinha sete ou oito anos de idade. Um amigo mais velho ensinou-lhe a fazer estilingues. Por pura brincadeira. Mas chegou o momento terrível, o momento de caçar. O amigo convidou-o a ir para o bosque matar alguns pássaros. Pequeno, sem jeito de dizer não, ele foi. Chegaram a uma árvore ainda sem folhas onde pássaros estavam cantando. Então o amigo parou, pôs uma pedra no estilingue e se preparou para o tiro. Aterrorizado, ele não tinha coragem de fazer nada. Mas nesse momento os sinos da igreja começaram a tocar, ele se encheu de coragem e espantou os pássaros. Eu nunca mais usei o estilingue para matar passarinhos. Mas é divertido usá-los para treinar pontaria em latas vazias.

OS CARROS DE BOIS

Tristeza eu tenho porque muitas das coisas que moram na minha alma não podem ser comunicadas. Por mais que eu diga e explique, quem ouve não entende. É o caso dos carros de bois. Os que não sabem pensam que o carro de bois é um meio de transporte primitivo. Os que sabem, sabem que o carro de bois, antes de ser um meio de transporte, é um instrumento musical. A começar do formato. Visto de cima, o seu corpo se parece com o corpo de um violino. O orgulho do carreiro era o canto do seu carro. E até jogava água no buraco da roda para que o canto saísse mais sofrido. Era um lamento sem fim, gemido apaixonado. O causo que mais me comove sobre os carros de bois me foi contado pela Maria Alice, que tem tantos fantasmas na alma quanto eu. É sobre o Zeca Carreiro, que carreava em Mossâmedes, cidade no interior de Goiás, mas, como se sabe, Goiás é uma extensão de Minas Gerais... Chegando perto da cidade, ele se apressava, jogava água no buraco da roda, queria que o lamento do seu carro fosse ouvido e sofrido por todo mundo. "Tá cantano apaixonado...", ele dizia, orgulhoso. E assim entrava na cidade, com o orgulho de um grande músico que sabe tocar o seu instrumento.

O tempo passou. Zeca Carreiro foi atacado pelo mal que ataca muitos músicos, a surdez. Igual a Beethoven, Zeca Carreiro não mais ouvia a música que seu carro tocava. Mas ele continuava a carrear, tinha de carrear; era o seu ganha-pão. O neto o ajudava, ia à frente dos bois como guia. Chegando perto da cidade, sem nada ouvir, ele perguntava ao neto: "Zinho, o carro está cantano?". "Tá sim, vô", ele confirmava com um aceno. "Cantano apaixonado?", insistia o avô. O menino sorria, o avô compreendia. Zeca Carreiro se aprumava como nos velhos tempos e entrava na cidade como um regente de orquestra.

Hoje, muitas vezes, na modorra da rede, eu ouço os carros de bois cantando no quente do depois do almoço.

OVO FRITO

Gosto muito de ovo. Ovo frito, ovo cozido, ovo escaldado, com pão torrado. Coisa boba, comecei a pensar sobre as razões por que gosto de ovo. Lembrei-me... Viajante, meu pai voltava às sextas-feiras, no trem das oito. Noite escura, nós esperando na porta; primeiro era o apito rouco, depois ele aparecia expelindo enxames de vespas vermelhas, passava debaixo da paineira, entrava na reta, e passava a quinze metros da nossa casa, o pai com a cabeça de fora do vagão, sorrindo, e todos corríamos para a estação. Ele vinha sempre alegre, com fome e sujo. Água quente não havia. Mas não tinha importância. Da leitura do Evangelho, havíamos aprendido de Jesus no lava-pés que quem está com os pés limpos tem o corpo inteiro limpo. A coisa, então, era lavar os pés. E esse era o costume geral lá em Minas, lavar os pés antes de dormir. Minha mãe esquentava água no fogão de lenha, punha numa bacia e eu lavava os pés do meu pai. Depois de limpo, ele se assentava à mesa e o que tinha para comer era sempre a mesma coisa: arroz, feijão, molho de tomate e cebola, ovo frito e pão. Ele me punha assentado ao joelho e eu comia junto. Hoje, quando como pão ensopado no molho de tomate, pão lambuzado no amarelo mole do ovo, eu volto àquelas noites.

Há comidas que são só comidas. Mas há comidas que são sacramentos. Estão misturadas com memórias. Fosse Jesus Cristo que estivesse escrevendo este livro, ele diria: "Nem só de ovo frito vive o homem, mas das memórias que moram nele...". Somente os poetas sabem que um ovo frito é muito mais que um ovo frito...

"VEJA COMO ESTÃO AGRADECIDAS..."

Quando chovia, meu pai gostava de se assentar num tamborete, fumando seu cachimbo, à janela da cozinha da casa velha. Os tomateiros, hortelãs e manjericão exalando seus perfumes. As folhas de couve e espinafre, brincando de juntar gotas de água, redondas e brilhantes. As árvores e os arbustos executando seus passos de dança, balançando as folhas sob os pingos que caíam.

Olhava, sorria, soltava uma baforada e dizia: "Veja como estão agradecidas...".

Como se cada ervinha se parecesse com ele e tivesse, secretamente, alegria de viver. Daí sua gratidão vegetal. Diz o capítulo 6 do livro do profeta Isaías que, no momento em que teve sua visão, o templo se encheu de fumaça. Pergunto-me se o profeta não estaria baforando seu cachimbo... A fumaça é um poderoso alucinógeno.

PÉ CALÇADO, PÉ DESCALÇO...

No grupo, as classes sociais estavam claramente definidas. Eram definidas pelos sapatos.

Havia, primeiro, os meninos que iam sem sapato. Isso queria dizer que os pais eram tão pobres que não tinham dinheiro para comprar sapatos. Dentre todos os pés descalços, os mais famosos eram os pés do Estelino, que se pareciam com nadadeiras, pé de pato. Os meninos eram malvados. Não perdoavam. Na rua, terminada a escola, gritavam: "Estelino pé de pato!". O Estelino respondia: "Pé de pato, pé de pinto, vá peidar lá pros esquinto..." ("os quintos dos infernos"). Não era o sentido que importava. O que importava era a rima. Eram sempre os meninos que iam sem sapato.

Havia depois os ricos, que iam calçados. Eu era rico. Ia com os dois pés calçados. Mas sem meia. Não se usava.

E havia a "classe média". Os da classe média eram aqueles que iam com um pé calçado e outro descalço. Isso mais acontecia com irmãos: um ia com o pé direito calçado e o esquerdo descalço. O outro ia com o pé esquerdo calçado e o direito descalço. Dessa forma, a função de proteção e higiene dos sapatos ficava anulada. Mas sua função era outra. Os pais que assim mandavam os filhos à escola estavam dizendo: "Somos pobres, mas não tanto".

Eu achava aquilo o máximo. Tinha inveja deles. Implorei à minha mãe que me deixasse ir com um pé calçado e o outro descalço. Ela não deixou. Não me entendeu. Não compreendeu que, naquele meu desejo, já se delineavam as minhas futuras lealdades políticas.

A PRIMEIRA VEZ QUE MEU PAI MORREU

Meu pai era viajante. Gostava de viajar de trem. Mas agora tinha um automóvel, o Plymouth 1929. Era um orgulho! Nas redondezas, só uma outra pessoa possuía automóvel, o seu Manoel, nosso vizinho à direita, que tinha um carro de aluguel. Pois meu pai, valendo-se da presença de meu irmão mais velho, que tinha vindo passar férias em casa, resolveu viajar de automóvel, na companhia dele. Para uma cidadezinha bem próxima, onde uma freguesia de fazendeiros comprava sacos de aniagem para café. Lá se foram os dois no Plymouth sacolejante, meu pai de guarda-pó, boné e cachimbo.

Quando meu pai viajava, todo mundo dormia num quarto só: minha mãe; eu, caçula; meu irmão Ivan, logo acima de mim; e até mesmo a Astolfina. Por nada deste mundo ela concordaria em dormir em quarto separado, por medo de assombrações. Seu medo de assombrações era tanto que só dormia de cabeça coberta com a colcha, coisa que nunca entendi, pois uma vez tentei, e quase morri sufocado.

A noite ainda não terminara quando bateram à porta. Foi um sobressalto. Quem estaria batendo àquelas horas da madrugada? Meu irmão atendeu. Era um soldado da cadeia.

"É aqui que mora o Ivan?", ele perguntou.

"É. Sou eu", meu irmão respondeu.

"Telefonema interurbano, na cadeia."

Meu irmão se vestiu e foi. Ficamos acordados, à espera, sabendo que coisa boa não podia ser. Telefone às quatro e meia da madrugada, só se for morte.

Meu irmão atendeu ao telefone:

"Alô...", ele disse.

"É o Ivan?", alguém perguntou do outro lado da linha.

"É."

"Papai morreu..."

Meu irmão chegou logo depois. Minha mãe falou:

"Não me dê notícia ruim!"

Ele disse, meio abobalhado:

"Papai morreu..."

Foi aquele alvoroço, aquela choradeira.

Dona Mazinha, que acordava cedo por causa da idade, deve ter escutado o barulho diferente. Sua insaciável voracidade por novidades a havia transformado numa assídua frequentadora de velórios, pois, como é bem sabido, é ali que circulam as notícias de primeira mão. Pois dona Mazinha apareceu logo para saber do ocorrido. Sua face se iluminou e logo se pôs a tomar mil providências com a desenvoltura de alguém que tem familiaridade com as coisas de defunto. Acordou a vizinhança, mandou a criançada pelos quatro ventos, como arautos do triste acontecimento, com ordens precisas para parar nas casas que tivessem jardim e que dali só saíssem com um maço de flores. Administrou a organização da sala onde ficaria o defunto, ordenando que para ali se trouxesse uma cama patente de solteiro, sem colchão, porque defunto não precisa de colchão e, se por acaso um colchão for usado, nenhum dos vivos quererá depois dormir nele, por medo da alma do finado, só prestando então para ser dado às pedideiras de esmolas.

A vizinhança chegava sem parar, todos de cara compungida, e, enquanto isso acontecia, a nossa casa se transformava. Defunto é coisa estranha: de um lado é tristeza; do outro lado é festa. Defunto é a suspensão de todas as proibições, a interdição de todas as regras do dia-a-dia. A começar com a porta da rua, fechada. Pois quando existe defunto na casa, a porta fica aberta para quem quiser, conhecido e desconhecido, e bater à porta fica sendo falta de educação. Defunto é desculpa para não ir trabalhar, para não ir à escola, para não comparecer a encontro, para não pagar dívida, para deixar a casa sem varrer, para não fazer o almoço, para adiar casamento. "Tive de ir a um enterro": está tudo explicado, está tudo desculpado.

E as mulheres, umas que nunca havíamos visto, outras que nunca haviam passado da sala de visitas, se apropriaram da casa e se moviam como se a casa fosse sua, abriam as gavetas da cômoda à procura de meias quentes para a viúva (toda viúva sente frio), iam para a cozinha, faziam café, fritavam bolinhos, serviam os circunstantes. Festa estranha, mas não deixa de ser festa... O defunto retira da viúva e dos seus parentes qualquer controle da situação. Estão entregues à sua dor e, por isso, quem passa a dar ordens na casa são os de fora.

Seu Manoel se prontificou a levar a gente para buscar o morto. E lá fomos nós, deixando atrás o velório, na expectativa do momento grave da volta.

O automóvel rodava pela estrada de terra. Não havia sobre o que falar. Eu pensava em como traríamos o pai. Será que já estava esticado? Eram assim todos os mortos que eu tinha visto. Mas, se estivesse esticado, não caberia no automóvel. Ou será que ele viria assentado, escorado entre mulher e filho?

O lugarejo só tinha um hoteleco, o Hotel dos Viajantes, onde meu pai e meu irmão tinham de ter se hospedado. O nome estava pintado na parede. Mas tudo estava calmo demais para ser o lugar onde havia um morto. Nenhum movimento incomum, nenhuma aglomeração de curiosos.

"Não, aqui não morreu ninguém. O viajante do Plymouth? Fez a praça e prosseguiu viagem ontem mesmo. Defunto, na cidade, há um só." Com estas palavras, o hoteleiro, de chinelo e paletó de pijama, apontou para um lugar. De longe se percebia que naquela casa, de fato, havia um morto. Chegamos, meio sem jeito, com perguntas esquisitas. O seu Manoel explicou. Um moço respondeu:

"É, tem um outro filho que mora na cidade donde vocês vêm. O Ivan, meu irmão. Ainda não chegou. Já devia ter chegado. Mora perto da cadeia, na terceira casa acima da linha. Eu conversei com ele mesmo, de madrugada, no telefone da cadeia, e contei que nosso pai tinha morrido..."

O mistério estava resolvido. O morto não era meu pai. Era um outro que tinha um filho que também se chamava Ivan, como o meu irmão. Tudo tinha sido uma enorme confusão de irmãos, de lugares, de nomes, de casas próximas à cadeia!

A viagem de volta foi uma alegria, com uma viúva desenviuvada e um filho que tinha pai de novo. Fomos chegando, o povaréu do velório espiando. Uns homens fortes já se preparavam para carregar o defunto, prova suprema de amizade. Foi então que eu pus a cabeça para fora e gritei:

"Não morreu não, não morreu não!"

Foi um espanto e um desapontamento. Os carregadores de defunto recolheram os músculos, as beatas que rezavam terço em volta da cama pararam a reza e se benzeram, dona Mazinha apagou as velas e catou as flores, dizendo que ia levá-las para um outro defunto, e até uma cesta de biscoitinhos que rodava entre os presentes desapareceu. Se velório é festa, naquele dia não houve uma.

O PADRE

Eu não gostava de padres. Pareciam-me seres sinistros, com suas batinas pretas e chapéus redondos. Mas ninguém da família jamais me falara mal deles. Fiquei a imaginar as origens da minha ojeriza e concluí que ela nasceu de um poema de Guerra Junqueiro que meu pai me leu: "O melro". Começa assim: "O melro, eu conheci-o. Era negro, vibrante, luzidio, madrugador jovial. Logo de manhã cedo começava a soltar dentre o arvoredo verdadeiras risadas de cristal". É a estória de um padre malvado. Ele tinha raiva do melro que cantava no seu quintal porque, segundo ele, o melro comia as sementes que ele semeava. Aí, numa manhã, ele encontrou o ninho do melro num arbusto, cheio de filhotinhos. Lembrou-se da teologia: pecado original, o pai pecou, todos os filhos pecaram, os filhos pagam pelos pecados dos pais. Protegido pela doutrina divina, ele pegou os minúsculos passarinhos e os trancou numa gaiola. Eles haveriam de pagar pelo pecado do seu pai. Para saber a estória toda é preciso ler o poema, que termina assim: "Há mais Deus com certeza nos cardos secos de um rochedo nu que nessa bíblia antiga... Ó natureza, a única bíblia verdadeira és tu!". Eu chorava e fiquei com raiva de padres, matadores de passarinhos.

Mas eram muitos os jovens que eram mandados para os seminários por suas famílias. Porque naqueles tempos os pobres só tinham dois caminhos para dar educação aos seus filhos: ou a escola de cadetes ou o seminário. Se a vontade dos pais prevalecesse, os filhos iriam para a escola de cadetes, com suas fardas, botões dourados e sabres. Muito mais bonitas que as batinas pretas. E mais másculas. Não gostariam de ver os seus filhos vestidos de batina preta, falando com voz de taquara rachada e fazendo gestos afrescalhados. As moças preferiam os cadetes aos padres. "Se dependesse das mães, não haveria guerras", disse Mário Quintana. "Mas as filhas preferem os soldados..." Um filho oficial militar era uma realização do sonho de um pai pobre.

Mas com frequência as mães eram mais fortes. O filho mais amado, mais chegado, era dedicado ao sacerdócio. Não conheço nenhum estudo psicanalítico sobre o assunto, mas sustento a teoria de que o sacerdócio era a solução do complexo de Édipo a contento das mães: o filho querido seria sempre seu, ficaria a salvo das mulheres por toda a vida, e o voto de castidade guardaria a sua virgindade. E, como bonificação, havia a garantia de entrada no céu! Uma família que vivia no fim do pastinho tinha um filho no seminário. De vez em quando, ele aparecia. E eu o via de longe, todo em negro, batina e chapéu redondo.

Anunciaram no grupo: "Hoje vai ter aula de catecismo...". Fiquei gelado. Nunca me defrontara com um padre face a face. Não sendo católico, não sabia os gestos e rezas característicos da Igreja Católica. O padre entrou, falou: "Louvado seja nosso senhor Jesus Cristo". A meninada respondeu em coro: "Pra sempre seja louvado". Aí começou a rezar uma Ave-Maria, todo mundo rezando junto, eu olhando pra baixo pra disfarçar. Depois começou a ensinar fórmulas para exorcizar inimigos fazendo cruzinha com a ponta do polegar na testa, na boca e no peito, e dizendo "Pelo sinal da santa cruz, livra-nos Deus, nosso senhor, dos nossos inimigos, em nome do Pai, do Filho e do Espírito Santo, amém". Eu não tinha inimigos, não tinha uso para aqueles gestos e palavras de exorcismo. Fiquei esperando que ele começasse a contar as parábolas de Jesus, porque era assim que acontecia na Igreja Presbiteriana, mas ele não falou nada sobre Jesus. Mas nos ensinou a batizar nenezinho moribundo, na ausência do padre. Como era sabido, nenezinho que morria sem batismo não ia para o céu. Devia faltar algo neles para que Deus não gostasse deles. Ele voltou num outro dia, convocando os meninos e meninas para a primeira comunhão. Foi um alvoroço. Aí a confusão foi interrompida por um menino, o Tião, que gritou: "O Rubes não, que é pustestante, e o Estelino não, que é esprita...". O padre tinha dito na igreja que no centro espírita o Coisa-Ruim ficava nadando o dia inteiro na "água sulfurítica". Os padres viviam espalhando medo. (Explicação: parece que no Centro Espírita havia uma água abençoada chamada "fluídica". O padre mudou o nome, inventou a palavra "sulfurítica", de "súlfur", enxofre, que, segundo aqueles que tiveram experiências pessoais com o Diabo, é o cheiro de suas ventilações fedorentas.) Aí todo mundo parou, espantado de que houvesse pessoas que não eram católicas, e todos os olhos se fixaram em nós, o Estelino e eu, e eu fiquei vermelho de vergonha, olhei para o chão, odiei o padre, e foi naquele momento que virei protestante sem saber direito o que era, só pra dizer que ando sozinho, na direção contrária da direção que todos seguiam. "Não vou por aí..." E até hoje continuo a andar na direção contrária.

O PRESÉPIO

Havia uma única coisa que eu invejava nos católicos: no Natal, eles armavam presépios e nós, protestantes, tínhamos árvores de Natal. As árvores eram bonitas, mas não me comoviam como o presépio: uma cabaninha coberta de sapé, Maria, José, os pastores, ovelhas, vacas, burros, misturados com reis, anjos e estrelas, numa mansa fraternidade, contemplando uma criancinha. A contemplação de uma criancinha amansa o universo. Os católicos mais humildes tinham alegria em fazer os seus presépios. As pobres salas de visita se transformavam em lugares sagrados. As casas ficavam abertas para quem quisesse se juntar aos reis, pastores e bichos. E nós, meninos, pés descalços, os sapatos só eram usados em ocasiões especiais, peregrinávamos de casa em casa, para ver a mesma cena repetida.

Nós tratávamos de fazer os nossos próprios presépios. Os preparativos começavam bem antes do Natal. Enchíamos latas vazias de goiabada com areia, e nelas semeávamos alpiste ou arroz. Logo os brotos verdes começavam a aparecer. O cenário do nascimento do Menino Jesus tinha de ser verdejante. Sobre os brotos verdes, espalhávamos bichinhos de celulóide. Naquele tempo ainda não havia plástico. Tigres, leões, bois, vacas, macacos, elefantes, girafas. Sem saber, estávamos representando o sonho do profeta que anunciava o dia em que os leões haveriam de comer capim junto com os bois e as crianças haveriam de brincar com as serpentes venenosas. A estrebaria, nós mesmos a fazíamos com bambus. E as figuras que faltavam nós as completávamos artesanalmente com bonequinhos de argila. Tinha também de haver um laguinho onde nadavam patos e cisnes. Não importava que os patos fossem maiores que os elefantes. No mundo mágico, tudo é possível. Era uma cena *naïf*, primitiva, indiferente às regras da perspectiva. Um presépio verdadeiro tem de ser infantil. E as figuras mais desproporcionais nessa cena tranquila éramos nós mesmos. Porque, se construímos o presépio, era porque nós mesmos gostaríamos de estar dentro dele. Éramos adoradores do Menino, juntamente com os bichos, as estrelas, os reis e os pastores.

Aconteceu de verdade? Foi daquele jeito descrito pelas Escrituras Sagradas? As crianças sabem que isso é irrelevante. Elas ouvem a estória e a estória acontece de novo. Não querem explicações. Não querem interpretações. A beleza da estória lhes basta. Os teólogos que fiquem longe do presépio. Suas palavras atrapalham.

O presépio nos faz querer "voltar para lá, para esse lugar onde as coisas são sempre assim, banhadas por uma luz antiquíssima e ao mesmo tempo acabada de nascer. Nós também somos de lá. Estamos encantados. Adivinhamos que somos de um outro mundo" (Octavio Paz).

O PRESENTE

Eu estava doente. Diziam que eu sofria do fígado. Deitado, o estômago enjoado. Aí chegou o correio trazendo um pacote para mim, do Rio de Janeiro. Minha mãe leu o nome do remetente. O pacote vinha de uma mulher cujo nome eu nunca ouvira: Elisinha. Não sei se era alta ou baixa, gorda ou magra. Minha mãe explicou: era uma parenta. Não sei como ela soube que o meu aniversário estava chegando. Sem me conhecer, teve vontade de me dar um presente. Eu nunca havia recebido nada pelo correio. Foi uma importância. Dentro do pacote havia dois presentes. O primeiro era um livro de capa dura, *Alice no País das Maravilhas*. Li, mas não gostei. O mundo doido da tal Alice embrulhou o meu estômago ainda mais. O segundo presente era uma caixa. Quando a abri não entendi. Ninguém entendeu. Uma infinidade de pequenas peças de papelão soltas, coloridas. Meu pai logo decifrou o enigma. As peças deveriam ser ajuntadas para formar um quadro. O quadro estava na tampa da caixa. Era a oficina de um velho, vários relógios na parede, um peixinho num aquário, um gato, um grilo e um boneco de madeira. Foi a primeira vez que soube da estória do Pinóquio. De noite, meu pai e meu irmão Ivan espalharam as peças sobre uma mesa e se puseram a montar o quebra-cabeça. Eu, doente, ficava de fora, olhando. Mas fascinado ao ver as pequenas peças formando desenhos à medida que eram ajuntadas. Apaixonei-me por aquele quebra-cabeça. Apaixonei-me por todos os quebra-cabeças. Ainda hoje, quando quero me desligar do mundo, ponho-me a armar quebra-cabeças. Esqueço-me de tudo. Agora mesmo acabei de montar um, pequeno, só quinhentas peças. Houve só um quebra-cabeça que me derrotou. Era um dos desenhos de Escher, mil peças. Desisti. Dei-o a uma instituição que cuida de crianças com deficiência. De vez em quando, aparece entre as pessoas com deficiência algumas com habilidades extraordinárias. Algumas têm uma memória fabulosa. São capazes de decorar um livro de quinhentas páginas com uma só leitura, muito embora não entendam o que decoraram. Outros têm a capacidade sobre-humana de montar os quebra-cabeças mais complicados. Parece que eles, por mecanismos que não entendemos, percebem quase instantaneamente a forma das peças espalhadas sobre a mesa. Um deles armou o quebra-cabeças que me derrotou. Só fico triste quando vejo quebra-cabeças formados colados num compensado e transformados em quadros. O quebra-cabeças foi assassinado. Ninguém poderá ter mais o prazer de montá-lo. O quadro é a sua urna funerária.

EXPERIÊNCIAS INESQUECÍVEIS

Para nós, meninos daqueles tempos, duas eram as experiências inesquecíveis. A primeira delas era fazer o pião rodar pela primeira vez. Eu olhava os craques, observava como eles faziam, o jeito de enrolar a fieira, o jeito de segurar o pião, o movimento do braço para lançá-lo. Tentava fazer do jeito como eles faziam. Mas não acontecia. O pião não rodava. Até que um dia, por puro acidente, o pião rodou.

A segunda é empinar o papagaio. Lembro-me como se fosse hoje. Era uma manhã limpa e fresca. Eu estava lutando com o meu papagaio, correndo para cima e para baixo no pastinho à frente da minha casa. Ele ameaçava subir, mas logo descia balançando o rabo. Eu tinha o papagaio, tinha a linha, mas ainda não havia aprendido a sentir o vento. Quem leva o papagaio às nuvens não é o menino que o solta. É o vento. Não é preciso correr. Vindo o vento, é só soltá-lo e dar linha. Tendo vento, ele vai até as nuvens. O papagaio se tornou para mim um símbolo de liberdade. Até escrevi um livro para crianças sobre o papagaio e a liberdade. Para subir às alturas é preciso que o papagaio tenha alguém que o segure na terra. Sem essa âncora, ele cai.

Agosto era mês de seca, mês de frio, mês de ipê amarelo, mês de capim-gordura florido, mês de céu azul, mês de vento, mês de papagaio. No largo do virador, de tarde, juntavam-se meninos e grandes com os seus papagaios. De todos os tipos. Em duas dimensões, os quadrados, losangos, octógonos, com rabo, sem rabo, estrelas. Os em três dimensões só os adultos sabiam fazer, caixas, aviões. Era bom olhar pra cima e ver todos aqueles papagaios de cores diferentes contra o céu azul, conversando uns com os outros. Alguns eram seguros de si mesmos, voavam tranquilos quase sem se mexer. Outros eram nervosos, não paravam, e de vez em quando davam cabeçadas. O Sebinho fazia papagaios enormes, tão grandes que em vez de varetas ele usava bambus. Subiam com a mesma brisa suave que fazia voar os pequenos. Em vez de linha 24, ele usava um barbante grosso. A gente pedia pra segurar o barbante, pra sentir a força. Um navio a vela é um barco que fez amizade com um papagaio.

O MÉDICO

Eu nunca havia ido a um médico. De médicos eu só sabia uma cena cômica da qual fui o protagonista sem que o soubesse. Eu era ainda nenezinho, em Boa Esperança. O médico era o doutor Gigico, que vim a conhecer muitos anos depois. Ele iria me aplicar uma injeção no traseiro. No momento em que ele me espetou, defendi-me, soltando-lhe um sonoro pum na cara.

Eu estava doente. Minha mãe me levou ao consultório do doutor José Marcos, uma casa imponente de dois andares diante do Grupo Escolar Brasil, a um quarteirão do jardim do sapo.

O jardim do sapo era a alegria da meninada! Na verdade, não era um jardim. Não tinha canteiros nem flores. Só árvores, muitas árvores, um pequeno bosque. Lugar maravilhoso para brincadeiras. Tão diferente do jardim principal, sem uma única árvore, cheio daqueles bichos que se esculpem nos ciprestes, elefantes, cavalos, girafas, cisnes. Tinha um laguinho com uma garça de metal sobre uma pedra, bico aberto para cima, esguichando água. As crianças não gostavam dele. Para dizer a verdade, não sei de ninguém que gostasse dele. O sol batia inclemente. Nem uma sombra fresca onde se assentar.

A sala de espera era elegante, com poltronas e sofás macios. Enquanto esperava, os meus olhos iam de objeto a objeto, explorando. Até que eles pararam num quadro. Aproximei-me para ver melhor.

Eu acho que a alma é um corredor escuro onde estão pendurados quadros, as cenas que os olhos do coração registraram. Muitos anos depois, a luz iluminou o quadro, e eu o vi de novo. E foi isto que eu vi e escrevi, com olhos de velho:

> É a sala de uma casa. Tudo está mergulhado na sombra, exceto o lugar central, iluminado pela luz de um lampião. Uma menina doente. Seus olhos estão fechados, mergulhados em um esquecimento febril. Num canto, o casal, pai e mãe, imagens da impotência. Nada sabem fazer, nada podem fazer. A mãe está debruçada sobre uma mesa. Seu rosto está mergulhado no vazio. Só lhe resta chorar. O marido, de pé, pousa a mão sobre o ombro da esposa. Mas imagino que ela não a sente. Naquele momento, ela não é nem esposa nem dona de casa: é mãe, apenas mãe. Ao lado da menina, um estranho, assentado: o médico. Pois o médico não é um estranho? Estranho sim, pois não pertence ao cotidiano da família. E, no entanto, na hora da luta entre o amor e a morte, é ele que é chamado. O médico medita. Seu cotovelo se apóia sobre o joelho, seu queixo se apóia sobre a mão. Não medita sobre o que fazer. As poções sobre a mesinha revelam que o que podia ser feito já foi feito. Sua presença meditativa acontece depois da realização dos atos médicos, depois de esgotados o seu saber e o seu poder. Bem que poderia retirar-se, pois que ele já fez o que podia fazer... Mas, não. Ele permanece. Espera. Convive com a sua impotência. Talvez esteja rezando. Todos rezamos quando o amor se descobre impotente. Oração é isto: esta

comunhão com o amor, sobre o vazio... Talvez esteja silenciosamente pedindo perdão aos pais por ser assim tão fraco, tão impotente, diante da morte. E talvez sua espera meditativa seja uma confissão: também eu estou sofrendo...

O doutor José Marcos apalpou-me a barriga, examinou minha língua e fez o diagnóstico. "É o fígado..." Aconselhou comida sem gordura e receitou-me Befigol.

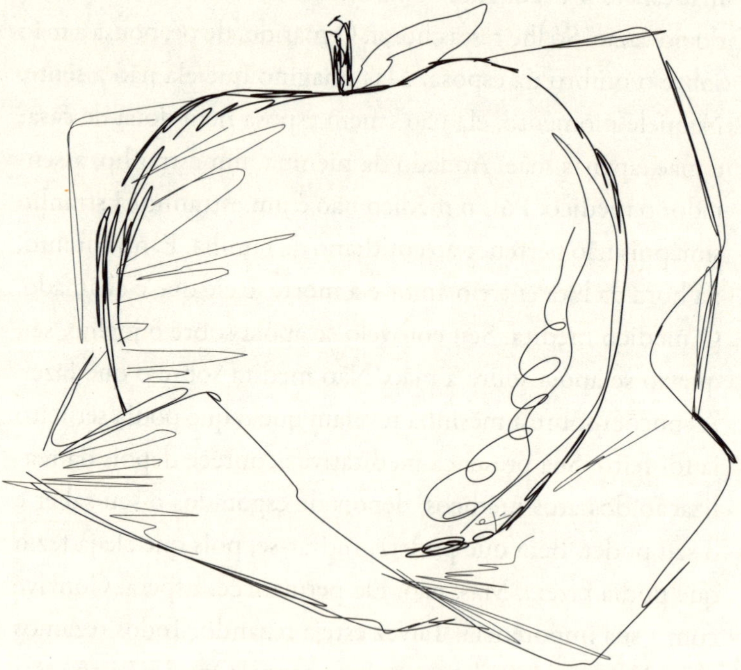

OS LIVROS

Em lugar de honra da minha casa, na sala de visitas, para que todos soubessem, estavam a *Encyclopaedia*, a *Biblioteca internacional de obras célebres*, o atlas francês. Mais o mapa da Europa, coberto de alfinetes. Mas o pai encontrou recursos para fazer uma assinatura de uma coleção de livros que chegavam mensalmente. Eram brochuras horríveis, em papel jornal. As páginas vinham dobradas. A gente tinha de ir lendo com uma faca na mão, para abrir as páginas, o que me irritava. Eram os clássicos da literatura: Guy de Maupassant, Émile Zola, Flaubert, Camilo Castelo Branco, José de Alencar. Lembro-me do prazer que me deu a leitura de *Tartarin de Tarascon* (Alphonse Daudet, 1872), um tipo parecido com dom Quixote, aventureiro, que vivia se metendo com trapalhadas hilariantes. Lendo a correspondência de Albert Schweitzer, há alguns anos, encontrei uma carta em que ele se referia às risadas que dava quando uma tia lhe lia o dito livro.

Que doideira me fez ler todos aqueles livros? Li e esqueci. A única exceção é o *Tartarin de Tarascon*. Se me perguntarem qual é a estória do livro *Amor de perdição* de Camilo Castelo Branco, tenho de confessar: não sei. Será que os livros são como as pessoas que amamos sem entender? É possível.

Meu amor pelos livros começou com o Jeca Tatuzinho, que decorei. Depois foi a figura do Robinson Crusoé, olhando apavorado para as pegadas na areia. Depois foi "O melro". Depois foram as figuras das locomotivas, na *Encyclopaedia*. Depois foi a Astolfina nos lendo *Histórias do arco da velha*. Depois foi o *Livro de Lili*. Foi nele que aprendi a ler, com a dona Clotilde. Decorei a primeira lição. No alto da página, a figura de uma menina, a Lili. "Olhem para mim. Eu me chamo Lili. Eu comi muito doce. Vocês gostam de doce? Eu gosto tanto de doce." Depois a estória da loja de brinquedos, as bonecas adormecidas nas caixas. Depois foram as aulas de leitura. Delícia pura. Aula que aguardávamos com ansiedade. A professora lia para nós. *Viagem ao céu*, *As caçadas de Pedrinho*, *As reinações de Narizinho*, *O Saci*, *Heidi*, *Poliana*... Ficávamos em silêncio absoluto. Não havia provas. A leitura era só prazer. Eu tinha inveja da professora, que sabia ler tão bem. Que bom seria se lêssemos como ela! Se lêssemos como ela, poderíamos levar o prazer da leitura para casa.

Havia uma coleção de livros que eu cobiçava: *O tesouro da juventude*. Quem tinha *O tesouro da juventude* era a dona Lilisa, aquela que ganhou 250 gramas de açúcar. Quando a visitávamos, eu deixava os adultos conversando na sala de visitas e ia ler *O tesouro*. Era um tipo de enciclopédia onde se encontrava de tudo. Um bufê de prazeres. Em qualquer página que se abrisse, lá se encontrava um assombro. Mas era muito caro. Meu pai não podia. Nunca tive *O tesouro*. Como nunca tive nem velocípede nem bicicleta. Até hoje, não sei andar de bicicleta. Quem sabe, diz: "É só montar e sair pedalando". Eu sei fazer isso. De qualquer forma, andar de bicicleta para mim é como montar um cavalo bravo. Nunca sei que idéias ela tem, nunca sei o que ela vai fazer comigo. Agora é tarde demais para aprender. Não posso tomar o risco de quebrar a bacia... Mas se eu encontrar um *O tesouro da juventude* num sebo, eu compro, embora tudo o que está lá deva estar ultrapassado. Compro para realizar um desejo infantil. Mas, se encontrar uma bicicleta, eu não compro.

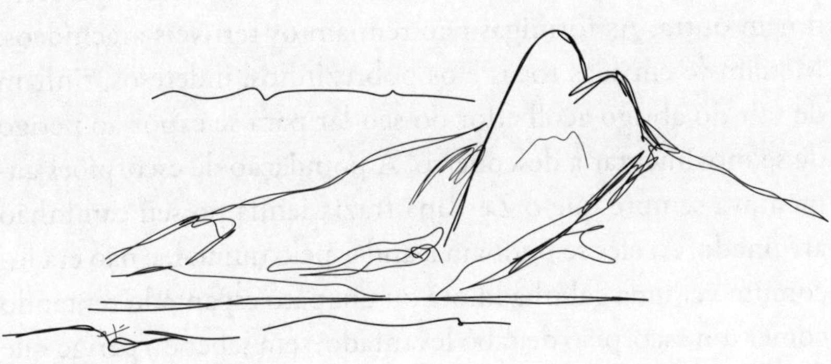

OS ESCORPIÕES

A gente convivia com os escorpiões. Houve dia em que apareceram onze dentro de casa. Tanto assim não era comum. Acontecia quando as formigas, por razões desconhecidas, formavam corredeiras e se punham a marchar em filas intermináveis pelos cantos da casa, saindo de uma fresta do assoalho e desaparecendo em outra. As formigas não temiam os terríveis aracnídeos. Metiam-se em suas tocas e os pobrezinhos, indefesos, tinham de sair do abrigo acolhedor do seu lar para se expor ao perigo de se movimentar a descoberto. A população de escorpiões aumentava sempre que o Zé Ripá trazia lenha no seu caminhão arruinado. Aí eles se punham a andar pelo quintal, e não era incomum ver uma galinha idiota ou um pato espantado tentando comer um escorpião de rabo levantado, sem saber do perigo que morava naquele bicho esquisito. Mas logo eles desapareciam. O monte de lenha era uma espécie de favela provisória para os recém-chegados. Mas eles, sem terra, logo invadiam propriedade alheia, descobriam que o porão escuro era lugar muito mais adequado para fixarem residência definitiva.

Sobre os escorpiões se contavam muitas estórias, sendo a mais famosa delas que os bichos, cercados por um braseiro, sabendo que não tinham saída, cometiam suicídio como samurais japoneses, enterrando o ferrão venenoso na própria nuca. De fato, basta um pouco de imaginação para perceber intenções suicidas nos bichinhos, que andam, normalmente, com o rabo curvado e apontando para o pescoço. Pelo menos era isso que haveríamos de pensar de um policial que andasse pela rua com o revólver apontado para a própria cabeça. Mas como nós meninos tínhamos mentalidade científica e não estávamos dispostos a acreditar em boatos, resolvemos tirar a questão a limpo com um escorpião capturado. Fizemos uma rodinha, agachados à sua volta, enquanto um correu à cozinha para pegar uma pá de brasas no fogão de lenha. Logo o pobre escorpião se encontrou em situação idêntica à de Joana D'Arc. E ficamos ali na expectativa, à espera do gesto humano que o aproximaria de nós. Mas nada. O bicho se recusou a cometer suicídio e morreu mesmo foi torrado pelas brasas.

Todo escorpião que se pegava ia para dentro de um vidro com álcool. É que suco de escorpião, suas tripas esmagadas, tem o poder de curar a dor da picada. Pelo menos era isso que todos diziam enquanto relatavam curas milagrosas. Se isso era verdade no caso de cobra, por que não seria verdade no caso de escorpião? Pois soro contra mordida de cobra não se faz mesmo não é com o veneno da dita? O vidro ficava no porta-bibelôs, bem à vista das visitas, e se por acaso faltasse assunto, escorpião em conserva virava escorpião em conversa.

Minha mãe foi picada por escorpião. Por via das dúvidas, achamos melhor não acreditar no valor curativo das tripas do aracnídeo e mandamos chamar o farmacêutico, que deu uma injeção. Eu quase fui picado quando enfiei o pé descalço debaixo da bola de borracha encostada no canto da parede, e atrás dela estava um escorpião de rabo em pé. E o meu pai, quase também.

Só que a estória dele poderia ter tido um desfecho trágico. Só não o foi por proteção de algum santo ou espírito de luz. Tudo se deveu ao seu curioso costume de ir fazer suas necessidades no banheiro com a luz apagada. As razões para isso, que são sempre discutidas quando se conta este caso, nunca puderam ser esclarecidas. Alguns dizem que era para economizar eletricidade. Outros, que ele considerava aquele momento um momento próprio para a meditação, o que é bem verdadeiro. Muitos relatos religiosos contam de experiências de iluminação acontecidas quando a pessoa se encontrava assentada no trono, como é o caso da famosa *Turmerlebnis*, de Lutero. Outros invocam a questão do pudor: como se aquilo fosse coisa vergonhosa que devesse acontecer ao abrigo da escuridão. Mas esta é uma questão que não interessa à substancialidade do acontecido que passo a narrar. Como de costume, ele se preparava para se assentar no lugar devido, luz apagada, quando, por alguma estranha inspiração, interrompeu o movimento descendente que já se iniciara, a fim de fazer algo que nunca fazia: acender a luz. Pois não é que, sobre a tampa quadrada da privada, ferrão armado, encontrava-se o escorpião? Meu pai livrou-se não só de uma ferroada, como também do embaraço de ter de explicar a situação constrangedora em que o acidente teria se dado.

Dona Mazinha abrigava em sua casa um filho, a nora e um neto, menino de uns sete anos, molenga e choroso, que vivia brincando com a gente no pastinho. Pois aconteceu que um dia ele enfiou a mão dentro de um buraco no barranco, morada de um escorpião. A gritaria foi infernal; o menino carregado nos braços, lânguido, para dentro da casa, para comoção de toda a redondeza. A casa de dona Mazinha tornou-se o centro da curiosidade de toda a vizinhança, que começou a fazer romaria para ver como estava passando o menino. Nós, que temíamos aquela língua desenfreada, tratávamos de nos manter sempre a respeitosa distância. Mas naquele dia não teve jeito. Tínhamos de fazer uma visita. Se não o fizéssemos, era sinal de orgulho e garantia de mau-olhado. Lá pelas quatro da tarde fomos em nossa peregrinação visitar o menino ferido. E qual não foi a nossa surpresa: era uma cena de presépio. Os adoradores em volta, num semicírculo, e no lugar de honra, para a contemplação piedosa de todos, a criança assentada no chão, pernas cruzadas. No meio das pernas um penico, cheio de urina, nunca soubemos quem havia sido o doador, ou doadores, medicina mais potente para a cura de picada de escorpião que o próprio veneno de escorpião. O menino-jesus tinha a sua mão direita mansamente mergulhada no mágico líquido amarelo.

Dona Mazinha, certamente perseguida pelo medo de que a julgássemos pobre, apressou-se a explicar aquela cena nunca vista:

"O penico é novo. Foi comprado hoje..."

OS DOMINGOS

Os domingos eram dias amaldiçoados. Íamos à igreja presbiteriana, da qual era pastor o mesmo missionário que lutara com o demônio para salvar a alma do Fubina, inutilmente. Era muito chato. Não entendíamos nada. Não acreditávamos em nada. Minha mãe acreditava era na Ave-Maria que a Iaiá lhe havia ensinado e que rezava toda noite antes de dormir. Meu pai, então, era descrente. Acho que nem acreditava em Deus. Ele sempre contava o caso de um católico lá em Boa Esperança que não ia à missa e se entregava a episódios de farra. A pedido da mulher, o padre o repreendia, repreensão que ele aceitava compungidamente, de cabeça baixa. Mas era só o padre virar as costas e lá estava ele com a roda de amigos, na venda. E comentava: "Se Deus ficar com muito enjoamento, vai acabar sozinho naquele ceuzinho dele...". Meu pai pensava igual. Então por que era que ele e minha mãe iam à igreja aos domingos, dia tão bom de se vadiar? Minha mãe contava a história de uma moça que se casou com um homem de quem não gostava só pra se livrar dele. Casando, ele pararia de persegui-la com propostas de casamento. Acho que aconteceu igual com meu pai e minha mãe. Iam à igreja pra se livrar do reverendo Davis. Porque era certo que, se eles não fossem, na manhã da segunda-feira o reverendo apareceria para saber as razões por que não haviam ido à igreja na véspera. Acho que o reverendo Davis, traumatizado com o caso do Fubina, que fora para o inferno por não levantar um dedo, tinha medo que o mesmo acontecesse com meu pai e minha mãe.

Tudo era falso. Lembro-me de ter visto um diácono, secretário da escola dominical que, acreditando-se sozinho, deu um murro no rosto do seu filho, meu colega de escola. Lembro-me da cara de dor que ele fez. E houve um incidente que me marcou, embora eu não o entendesse na época. Aconteceu com uma senhora casada aquilo que acontece com muita gente: ela ficou amando um outro homem. Descuidada e apaixonada, não tomou as devidas precauções. O boato correu. Todo mundo ficou sabendo. Todo mundo comentou. Todo mundo acusou. O marido, homem digno, deixou de ir à igreja com toda a família, por causa da vergonha. Passadas muitas semanas, num culto de quarta-feira, ele apareceu. Assentou-se no último banco. Sozinho. Ninguém o procurou. O marido traído também é culpado. Aí, no meio do culto, o reverendo Davis anunciou solenemente: "Tenho o dever de informar à congregação de que a senhora (o nome dela) foi excluída do rol de membros da nossa igreja por haver transgredido o sétimo mandamento, não adulterarás". Ouviu-se um soluço no fundo da igreja, soluço que mais parecia um grito, e ele saiu correndo da igreja. Ninguém disse nada. Ninguém fez nada. Todo mundo ficou petrificado. Meu pai ficou furioso. "E se esse homem, da profundeza da sua raiva e humilhação, chegar em casa e fizer uma besteira?" Ninguém percebeu que ela havia transgredido o sétimo mandamento num momento de amor. E o conselho da igreja a havia excluído do rol de membros da igreja por desamor. Quem pecou mais? Assim se comportam os que se julgam puros. Não admira que Jesus os detestasse de forma especial. "As meretrizes entrarão no Reino de Deus antes de vós..."

CHUPANDO LARANJAS

Era costume generalizado em Minas que as famílias se reunissem lá pelas duas e meia da tarde para o "café da tarde", que constava de café, leite, pão de queijo, biscoitos, rosca, queijo, manteiga. Quando era tempo de alguma fruta, o café da tarde era substituído pela dita fruta. No tempo das laranjas eram as laranjas. Nós nos reuníamos no quintal, assentados em tamboretes, tendo uma cesta de laranjas no meio, cada um com uma faquinha. E aí íamos chupando. Tinha inveja do meu pai. Ele descascava as laranjas com perfeição. As cascas saíam inteiras, sem que as laranjas fossem feridas. As cascas eram guardadas. Meu pai, campeão na chupação de laranjas, chegava a pendurar quinze cascas no braço esquerdo. Para quê? Alguém descobriu que as cascas das laranjas depois de secas eram poderosos combustíveis. Elas se incendiavam com fúria à medida que produziam chamas azuis. Eu e o meu irmão Ivan nos perguntávamos: "Que substância química estará dentro das cascas das laranjas?". Sendo tempo do desaparecimento da gasolina, chegamos a aventar a hipótese de um combustível feito a partir das cascas das laranjas. Um combustível com perfume de laranja... Terminada a chupação de laranjas, todas as cascas eram recolhidas e penduradas num varal de arame esticado sobre o fogão para secar.

A COZINHA

A cozinha era o melhor lugar. De manhã, todos juntos, café com leite, pão e manteiga, e cada um ia fazer as coisas que tinha de fazer. Hora de uma separação boa. À noite nos encontrávamos de novo na cozinha, o que era melhor ainda. Albert Camus, nos seus *Primeiros cadernos*, diz o seguinte: "Se, durante o dia, o vôo dos pássaros parece sempre sem destino, à noite dir-se-ia reencontrar sempre uma finalidade. Voam para alguma coisa. Assim, talvez, na noite da vida...". Somos como os pássaros. Será que, num passado perdido, fomos dotados de asas que perdemos, por não usá-las? Queremos voltar ao destino. A cozinha era o destino. O fogo...

O fogão de lenha aceso era altar. A gente adorava sem saber. O fogo. Era em torno do fogo que o lar acontecia. O fogão de lenha marcava o único lugar quente da casa. Calor que todos procuravam. A lenha queimava, perfumando o ar com o cheiro das resinas que a lenha chorava através de suas gretas. E de repente voavam fagulhas estalando, pequenos fogos de artifício. O fogo avermelhava os rostos. A prosa era sempre sobre coisas de antigamente, que todos já conheciam. "Pai, conta daquela vez que, pra visitar a mamãe, você atravessou a enchente do rio num tacho do engenho de cana puxado por uma corda..." A conversa era só uma desculpa para estar juntos. A conversa era uma continuação das mãos. As palavras tinham carne. Na sala de visitas, lugar de cadeiras em ângulo reto, o silêncio criava incômodo. Não podia ser. O vazio era o nada. Silêncio seria falta de educação com as visitas. Mas na cozinha, diante do fogo, o silêncio era bem-vindo. Só contemplar o fogo já bastava. Era um silêncio carnudo, cheio de ser, tranquilo e feliz. O fogo incendiava a imaginação. Bachelard gostava de contemplar o fogo. Gostava tanto que escreveu um livro sobre a chama de uma vela.

> Toda fantasia diante de uma chama é uma fantasia admiradora. Todo sonhador inflamado está em estado de primeira fantasia. Esta primeira admiração está enraizada em nosso passado longínquo. Temos pela chama uma admiração natural, ouso mesmo dizer, uma admiração inata. A chama nos força a olhar. O sonhador vive em um passado que não é mais unicamente seu, no passado dos primeiros fogos do mundo. (*A chama de uma vela,* Rio de Janeiro, Bertrand Brasil, 1989, p. 11)

Os primeiros fogos do mundo! Os homens reunidos em torno do fogo. A luz do fogo, o calor do fogo. O primeiro deus. Sol doméstico. Um espaço com um fogo aceso é um espaço aconchegante. As sombras não param. Movem-se ao sabor da dança das chamas. O fogo tranquiliza a alma, espanta os medos. Faz lugar para os pensamentos vagabundos que não querem nada.

A chapa quente do fogão era lugar para uma cafeteira de ágata. Quando não o café, um chá de folha de laranjeira. Minha amiga Maria Alice, que já citei, viveu a cozinha como eu vivi. Contou-me que quando era mais jovem propunha um negócio a

Deus: trocaria um ano de sua vida agora por uma única noite na cozinha de sua casa quando ela era menina. Toda noite era igual. Ela conta: "A mãe dizia: 'Vou é lá fora apanhar umas folhas de laranjeira pra fazer um chá pra nós...'. O pai advertia: 'Mulher, você vai é ficar estuporada. Está com a cara quente do calor do fogo e vai sair na friagem? Vai acabar de boca torta...'. Ela nunca seguiu a advertência do marido e nunca ficou de boca torta".

Sobre o fogo uma panela de ferro coberta com uma tampa de lata de óleo de dezoito litros, com brasas em cima. Dentro da panela, um "bolo de panela". É preciso dizer que é "bolo de panela" para diferenciar dos outros, que são de forno. Bolo de panela é bolo de pobre que não tem forno. As brasas na lata são para assar o topo do bolo. De fubá, com pedacinhos de queijo Minas. A tecnologia não era perfeita. Um momento de distração e a brasas queimavam a crosta. Mas esses pedaços queimados eram mais gostosos. A manteiga escorria no bolo quente. A Tofa cuidava do fogo, cuidava do café, cuidava do bolo de panela. Às vezes, em lugar de bolo de panela era pipoca. Podia ser que nos assentássemos à volta da mesa nos bancos compridos e se usasse o tempo para escolher feijão ou debulhar milho de pipoca para o dia seguinte. Nas noites de chuva, os pingos das goteiras tocavam música nas panelas espalhadas pelo chão. Meu pai gostava da música das goteiras. Ele dizia que elas o faziam dormir.

Nas noites de julho, muito frio, a gente se assentava à volta de um tacho de cobre cheio de brasas e punha os pés nos pauzinhos dos tamboretes, pra quentar-se ao fogo. Apagava-se a luz e os rostos apareciam vermelhos sobre um fundo escuro. Os pintores flamengos teriam gostado de pintar uma tela *Família quentando-se ao fogo*.

De noite a cozinha era um lugar macio, de ficar quieto, fazendo nada, só gozando... Gozando a dança vermelha das chamas, o cheiro das resinas, o barulhinho do fogo crepitando, o gosto bom do café com bolo. Era uma festa para os sentidos tranquilos. Estávamos livres da compulsão para fazer.

De dia a cozinha era outra coisa. Virava oficina de alquimista, lugar onde se processavam grandes transformações na matéria. O fogo fazia o duro ficar mole: a mandioca, a batata, o arroz, a carne. Fazia o mole ficar duro: o ovo cozido, o pé-de-moleque, rapadura com amendoim. A rapadura mesma era um líquido que o fogo transformara em sólido. O fogo também fazia ferver a meleca das goiabas partidas até transformá-las em pastas endurecidas que se guardavam em caixas. Fazia o sólido virar gás: a lenha, as cascas de laranjas secas, penduradas num varal de arame sobre o fogão, transformavam-se em fumaça.

O fogo fazia o nojento virar sabão: aquelas muxibas e sebos de carne de vaca, ajuntados debaixo do fogão, misturadas com decoada, tudo derretido junto num tacho de cobre vermelho, virava sabão preto que, depois de pronto, era amassado em bolas do tamanho de duas conchas de mão que eram amarradas artisticamente com palha de milho. A decoada se fazia com cinzas. As cinzas eram guardadas por sua tríplice utilidade. Primeiro, por serem um adubo poderoso. Segundo, porque com elas se fazia a "barrela", que era uma mistura de cinza e água com que se besuntava os fundos das panelas antes de levá-las ao fogo. Fazia-se isso para protegê-las da fuligem. A fuligem preta ficava na barrela. Depois era só lavar a barrela preta com água, e a panela estava limpa. Terceiro, porque com ela se fazia uma química de origens desconhecidas. Ninguém sabe como aconteceu a descoberta. A cinza era colocada dentro de uma lata de óleo grande, não sem antes fazer três furinhos no fundo. A seguir a cinza era pilada até ficar dura como pedra. Colocava-se então a lata sobre três tijolos, debaixo dos furos um pires, e derramava-se água na cinza, cada dia só um pouquinho. A água era coada através da cinza e pingava no pires como um líquido cor de café. Esse líquido era a decoada que era misturada à nojeira das muxibas e sebos para produzir o delicado sabão preto, muito bom para a pele. Um químico me explicou que o segredo estava no potássio que morava na cinza. Mas lá em Minas a gente pobre que fazia sabão de cinza não sabia o que era potássio. Eles sabiam sem saber. Sabiam mais do que nós, que sabemos o nome sem conhecer o seu poder. Tudo me assombra, até o ovo da galinha. Penso: Como é que foi? A coisa ficou mais complicada quando, visitando uma aldeia histórica nos Estados Unidos, perto de Salem, aquela cidadezinha que matou bruxas, descobri que era assim que os Pilgrim Fathers faziam sabão, do jeito como a gente fazia, lá em Minas.

O mundo está cheio de espantos. A alquimista-mor era a Tofa, negra modesta que não sabia que era alquimista. Fazia frango com quiabo, frango ao molho pardo, ora-pro-nóbis refogado com pedacinhos de carne de porco, pra ser comido com angu mole e feijão. Se você nunca comeu ora-pro-nóbis, vá visitar as cidades históricas de Minas. Eu prefiro Tiradentes: sopa de fubá com ora-pro-nóbis, frango com ora-pro-nóbis, ora-pro-nóbis refogado, salada de ora-pro-nóbis cru. Na literatura, só encontrei duas referências ao ora-pro-nóbis: na poesia da Adélia Prado e no *Fogão de lenha*, de Maria Stella Libânio Christo (Petrópolis, Vozes, 1991). É um arbusto espinhento que cresce sem parar, fácil de pegar aos galhos, que dá umas folhas no formato de folhas de laranjeira. Suculentas. Macias. Pode-se comer cruas. Dizem que é rico em proteína. Perene. Não precisa replantar. Uma campanha para o plantio de ora-pro-nóbis em todas as casas pobres garantiria o sucesso do programa Fome Zero. E ainda por cima dá flores maravilhosas.

Mas houve uma vez em que a Tofa fracassou. Sua alquimia culinária não deu certo. Não por culpa dela. Mas, para falar do seu fracasso, devo primeiro fazer uma breve dissertação sobre os *soufflés*.

Soufflé quer dizer "sopro" em francês. A alma do *soufflé* é o ar: daí as suas qualidades pneumáticas, espirituais, pois sopro, vento e espírito, etimologicamente, são a mesma coisa. Não fosse essa mania esnobe de achar que o nome francês é mais elegante, se o *soufflé* tivesse sido inventado lá em Minas, é certo que o seu nome seria "assoprado": "assoprado de chuchu", "assoprado de camarão", "assoprado de aspargos" etc. O que não é de causar espanto, pois, segundo o testemunho do *Fogão de lenha*, que registra trezentos anos de cozinha mineira, existiu outrora um doce chamado assoprinhos de moça, que se fazia com claras batidas, três libras de açúcar, uma onça de água-de-flor, um pouco de carmim em pó. Se houve os assoprinhos de moça, é natural que possa haver os "assoprados" da dona da casa.

O elemento essencial na produção dos *soufflés* são as claras dos ovos, batidas até ficarem bem duras. Mas qual é a função das claras? É óbvia e simples: as claras são redes de pegar ar. O movimento circular-rotatório do garfo batendo as claras é igual ao movimento do pescador que joga a tarrafa para pegar o peixe. Só que, aqui, o que se quer pegar é o ar, e tanto é assim que, ao final, quando as claras estão batidas, elas, que no início tinham a consistência de goma-arábica, transformam-se em espuma: milhares de pequenas bolhas transparentes, cada uma delas com um tantinho de ar preso lá dentro.

Dessa qualidade espiritual e pneumática do *soufflé* vem sua característica essencial: o *soufflé* é fffofffo. Não é possível falar fffofffo sem soprar. O próprio *Dicionário Webster* define o *soufflé* como "a fluffy baked dish": prato assado fffofffinho, sendo que o "fluffy" no inglês preserva o mesmo poder onomatopaico do fffofffo em português: quem fala fffofffo sopra.

Essa característica pneumática do *soufflé*, que é a sua glória, infelizmente é também a sua fraqueza. Porque tudo o que é cheio de ar, como bolas e bexigas, fica murcho e vazio tão logo apareça um minúsculo furinho. É o que acontece com o pobre *soufflé*. Tem de ser comido logo que sai do forno, porque sua ereção é precária. Se ele se esfriar ou tomar um sopro de vento frio, sofre uma convulsão: a princípio, um ligeiro tremor, seguido de movimentos verticais e horizontais, e a corada superfície mergulha repentinamente para o fundo da fôrma.

Haveria visitas para o jantar. A Tofa caprichou: preparou um maravilhoso *soufflé*. Mas, ao sair do forno, ele tomou um golpe de vento frio e murchou. A Tofa ficou desesperada. Seu jantar estava arruinado. Resolveu valer-se de recursos heróicos. Foi até o quintal e cortou um canudinho de mamoeiro que cuidadosamente enfiou no *soufflé* e pôs-se a soprar. O milagre parecia estar acontecendo. O *soufflé* encheu, subiu, parecia ressuscitado. Mas foi só tirar o canudinho para que ele voltasse a ser o que era... O fato é que não há formas de consertar *soufflé* que afundou. O remédio foi servi-lo murcho como se encontrava...

Eu me metia na cozinha não por interesses culinários, mas por interesses técnicos. O fogo me ajudava a fazer brinquedos. Para colar o papel de seda dos papagaios, eu fazia grude, mistura de polvilho com água numa latinha vazia de massa de tomate sobre a chapa, mexendo sempre para não empelotar. Custou-me muitos experimentos para aprender a técnica de fazer grude perfeito, transparente. Este é outro dos poderes do fogo: fazer o opaco ficar transparente, como é o caso das gelatinas. Para fazer furos numa tábua, sem arco de pua, colocava-se um espeto redondo no braseiro até ficar incandescente. Aí enfiava-se o espeto vermelho no lugar a ser furado. A madeira chiava, soltava fumaça e o espeto entrava e varava. Peso para linha de pescar se fazia derretendo-se alguns tubos de dentifrício (esse era o nome da pasta dental), que eram de chumbo. Como já disse, o fogo tem o poder de transformar o duro em líquido. Aí derramava-se o chumbo derretido num buraquinho cônico feito num canto do rabo do fogão. Antes que o chumbo endurecesse, enfiava-se nele uma varetinha fina tirada de uma vassoura de piaçava. Era através do buraco que a varetinha deixava no chumbo que o fio de pesca iria passar. Fuçador, quebrei a caneta-tinteiro do meu irmão Ismael. Tentei colar as partes com o poder do fogo. Colou, mas ficou torta.

Depois de velho, ao me lembrar das minhas experiências científicas com a cozinha, pensei que seria possível montar um programa de química a partir da culinária. Pois a química não se iniciou com a alquimia, que pretendia descobrir os segredos das transformações da matéria? E haverá lugar onde tais transformações são mais visíveis que a cozinha? Descobri, então, que um francês já havia feito isso. Seu nome é Hervé This-Benckhard. Eis o que ele escreveu no seu livro *Les secrets de la casserole*: "Cozinhar e fazer experiências químicas partem do mesmo princípio: misturar produtos diferentes e ver qual o resultado. As substâncias mudam de cor, de aroma, de sabor, de consistência. São duas atividades concretas, enriquecedoras e, ao contrário do que se imagina, nada difíceis" (*O Estado de S. Paulo*, 14 maio 1994, A-18). Acho que as crianças gostariam...

ADEUS À INFÂNCIA

Aí o pai chegou de viagem e anunciou: "Vamos nos mudar para o Rio de Janeiro. Vamos nos mudar para a capital. A casa já está alugada...". E pôs-se a descrever a casa.

"A casa tem campainha..."

Nossa casa não tinha campainha. Quem quisesse teria de bater à porta com as juntas dos dedos da mão fechada. Campainha, só nas casas dos ricos.

"E o assoalho é de tacos encerados..."

O nosso assoalho era de tábuas largas, lavadas. Piso de tacos encerados só nas casas dos ricos.

"E tem um jardim na frente..."

À frente da nossa casa só havia um pastinho de capim. Jardim na frente, só em casa de ricos.

"E os bondes passam na frente...

E tem um cinema na esquina...

E o mar está pertinho..."

Pegamos o trem numa madrugada fria de neblina. Eu, embalado pelo sacolejo do trem, ia construindo minha casa de menino rico com campainha, tacos encerados e jardim na frente, usando como tijolos as palavras que meu pai dizia. Eu acreditava nelas...

CONHEÇA OUTROS TÍTULOS DO AUTOR

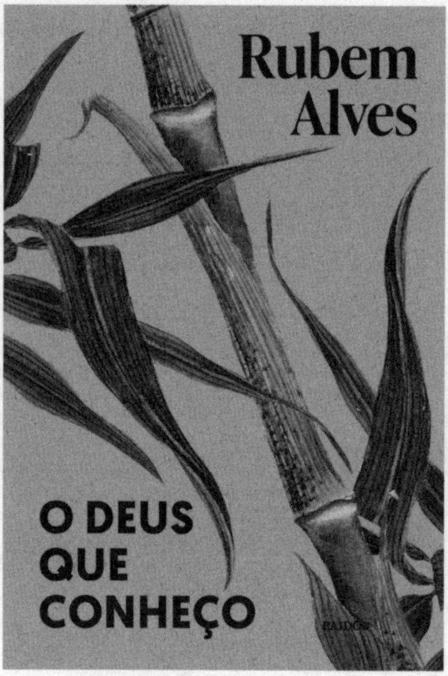

Rubem
Alves
A ETERNIDADE
NUMA HORA
PAIDÓS

Rubem
Alves
VARIAÇÕES
SOBRE
O PRAZER
PAIDÓS

Acreditamos
nos livros

Este livro foi composto em Garamond
Premier Pro e impresso pela Geográfica para a
Editora Planeta do Brasil em agosto de 2025.